MARTHA D'ANGELO

SABER-FAZER FILOSOFIA
PENSADORES CONTEMPORÂNEOS

De Nietzsche a Gadamer

EDITORA
IDEIAS&
LETRAS

DIREÇÃO EDITORIAL:
Marlos Aurélio

CONSELHO EDITORIAL:
Avelino Grassi
Fábio E. R. Silva
Márcio Fabri dos Anjos
Mauro Vilela

COPIDESQUE E REVISÃO:
Luiz Filipe Armani

DIAGRAMAÇÃO:
Tatiana Alleoni Crivellari

CAPA:
Rubens Lima

COORDENAÇÃO DA COLEÇÃO SABER-FAZER FILOSOFIA:
Giovanni Semeraro

Todos os direitos em língua portuguesa, para o Brasil, reservados à Editora Ideias & Letras, 2017.

4ª impressão

EDITORA
IDEIAS &
LETRAS

Rua Barão de Itapetininga, 274
República - São Paulo /SP
Cep: 01042-000 – (11) 3862-4831
Televendas: 0800 777 6004
vendas@ideiaseletras.com.br
www.ideiaseletras.com.br

Dados Internacionais de Catalogação na Publicação (CIP)
(Câmara Brasileira do Livro, SP, Brasil)

Saber-fazer filosofia: pensadores contemporâneos: de Nietzsche a Gadamer / Martha D'Angelo
Aparecida, SP: Ideias & Letras, 2011.
(Coleção Saber-Fazer Filosofia 3)

Bibliografia.
ISBN 978-85-7698-077-3

1. Filosofia I. Título. II. Série.

10-11487   CDD-100

Índice para catálogo sistemático:
1.Filosofia 100

SABER-FAZER FILOSOFIA
PENSADORES CONTEMPORÂNEOS

Sumário

1 A transição do moderno ao contemporâneo — 7

2 A crítica da cultura em Nietzsche e Freud — 17

3 Filosofia e política em Lukács e Gramsci — 25

4 A consciência e o mundo na fenomenologia — 37

5 A filosofia da existência: Merleau-Ponty e Sartre — 45

6 A Escola de Frankfurt — 55

7 Walter Benjamin e a tempestade do progresso — 65

8 Adorno e Horkheimer:
Mito e esclarecimento na história da cultura — 73

9 Marcuse e o direito humano à felicidade — 81

10 O estruturalismo e a questão do sujeito em Foucault — 89

11 Deleuze e o ato de pensar — 97

12 Wittgenstein e os jogos de linguagem — 103

13 Modernidade x pós-modernidade — 111

14 A hermenêutica de Gadamer — 121

Bibliografia — 131

1

A transição do moderno ao contemporâneo

> *A filosofia é a ciência objetiva da verdade, é a ciência da sua necessidade: é conhecer por conceitos, não é opinar nem deduzir uma opinião de outra.*
> (Hegel, 1980, p. 330)

Existe uma relativa proporção entre a valorização da ciência no século XIX e a desvalorização da filosofia. Uma declaração feita em 1861 pelo estatístico e economista Antoine Augustin Cournot (1801-1877) é reveladora do descrédito social da filosofia nesta época: "o fato de acreditar em verdades filosóficas saiu tanto de moda que nem o público nem nenhuma academia se dispõe a receber mais obras desse tipo, exceto como produtos de puro academicismo ou curiosidade histórica"[1]. Sem dúvida, o século XIX é o século das ciências, e também da revolução industrial, das revoluções burguesas, das grandes transformações urbanas e de profundas mudanças no mundo do trabalho. Foi neste cenário que se desenvolveu a transição do moderno para o contemporâneo.

Não por acaso as ciências humanas surgem no século XIX. O rápido crescimento populacional ocorrido nesta época está relacionado, por exemplo, ao surgimento das teorias de Malthus (1766-1834) e sua tese sobre a desproporção entre o aumento da produção de alimentos e o aumento da população. Suas previsões catastróficas de que ocorreria uma fome em larga escala, provocada pelo crescimento da população em progressão geométrica e o crescimento da produção de alimentos em

---
[1] Citado por HOBSBAWM, 1979, p. 261.

proporções aritméticas, teve como desdobramento a primeira proposta de planejamento familiar da história.

O *Ensaio sobre a população* (1797), de Malthus, motivou uma série de estudos em outras áreas do conhecimento. A tese que Charles Darwin (1808-1882) apresenta em seu livro *Origem das espécies* (1859), sobre os processos de seleção natural, é um exemplo neste sentido. Darwin deduziu, a partir da teoria de Malthus, que, como na vida animal não pode haver controle dos casamentos nem aumento artificial de alimentos, segue-se uma luta feroz pelos meios de subsistência, e a vitória é do organismo que melhor se adapta ao meio que o cerca.

A filosofia positivista de Augusto Comte (1789-1857) representou uma tentativa de manter sob controle os conflitos sociais e as turbulências políticas que sacudiram a Europa no século XIX. O desinteresse pela metafísica, a oposição às religiões e a veneração pela ciência revelam as afinidades de Comte com os racionalistas e os enciclopedistas franceses. Mas Comte absorveu também algumas ideias de Giovanni Battista Vico (1668-1744), cuja obra ele estudara com grande interesse. De Vico Comte extraiu a compreensão da cultura como processo de evolução histórica marcado por vários estágios de desenvolvimento. Mas a ideia de progresso como uma lei desse desenvolvimento e a possibilidade de uma ciência *positiva* da sociedade, Comte extrai de Condorcet (1743-1794) e de Saint-Simon (1760-1825).

A excentricidade das ideias de Comte só pode ser entendida quando relacionada ao contexto da época. Em meio a tantas mudanças e revoluções, seu pensamento se ergue como uma tentativa de conter o movimento da história e submeter a sociedade a uma ordem. Empenhando toda sua energia neste objetivo, Comte constrói a sua tese sobre o princípio evolutivo que rege o espírito dos indivíduos e o processo histórico. Trata-se da famosa lei dos três estados.

Segundo a descrição de Comte, a espécie humana em seu desenvolvimento atravessa três estados: o teológico, o metafísico e o positivo. Todos os campos do conhecimento passam, em sua evolução, por esses três estados. O único campo que teria removido todos os vestígios dos estados anteriores ao estado positivo é o da matemática. O projeto de Comte era, exatamente, afirmar o estado positivo em todos os campos do conhecimento. No primeiro nível de desenvolvimento, o teológico, o espírito humano, dirigindo sua atençao para as causas primeiras e finais, entende os fenômenos como resultantes da ação de agentes sobrenaturais. As idiossincrasias e a intervenção arbitrária desses agentes explicam os aspectos caóticos do mundo. No estado metafísico, que Comte considera uma extensão do primeiro, os agentes sobrenaturais são substituídos por forças abstratas. Enfim, no estado positivo, o espírito humano, reconhecendo a impossibilidade de alcançar um saber absoluto, passa a investigar as causas dos fenômenos fazendo uso da razão e da observação.

Na hierarquia das ciências, a que tem o nível de complexidade mais alto é a "ciência do homem". Comte cunhou a palavra "sociologia" para estabelecer o campo desta nova ciência, da qual ele se considerava fundador. A humanidade positiva seria regida por uma elite científica que atuaria apoiada em estudos de especialistas. Esta mudança promoveria uma reforma moral e intelectual na sociedade.

Em seu estágio final o positivismo de Comte se converteu em doutrina religiosa. A religião da humanidade como *Grande Ser* visava a união de todos os homens, a ordem e o progresso. No Brasil essas ideias tiveram uma grande repercussão. Adesão integral ou parcial à obra de Comte divide os positivistas brasileiros. No grupo dos ortodoxos, Miguel Lemos e Teixeira Mendes estão entre os fundadores da Primeira Igreja Positivista do Brasil, localizada no Rio de Janeiro. Os heterodoxos, como Alberto Sales e Benjamin Constant, se limitaram a reproduzir os princípios filosóficos do pensamento de Comte. Foi muito intensa a participação dos positivistas no movimento pela Proclamação da República no Brasil. Essa participação e a identificação dos militares com o ideário de Comte explicam a presença das palavras "Ordem e Progresso" na bandeira brasileira.

A posição contrária ao positivismo mais influente no século XIX é a *dialética* de Georg Wilhelm Friedrich Hegel (1770-1831), que teve uma grande importância no pensamento de Karl Marx (1818-1883) e Friedrich Engels (1820-1895), dois pensadores alemães que ousaram ir mais longe do que Hegel ao buscarem não só entender as transformações do mundo e o movimento da história, mas também intervir de forma consciente neste movimento. Essa intervenção se deu através de estudos teóricos, que mostravam como os trabalhadores poderiam mudar a sociedade e a organização do trabalho, e também através de atividades políticas. O materialismo dialético é a corrente filosófica do século XIX que teve o maior impacto social no século XX.

O materialismo dialético é considerado a *filosofia* do marxismo, distinguindo-se do materialismo histórico, que seria a *ciência* marxista. Enquanto uma visão de mundo o materialismo dialético seria, como admite Engels no prefácio da segunda edição do *Anti-Düring*, um corpo teórico considerado como verdadeiro em relação à realidade como um todo, uma espécie de filosofia natural que generaliza as descobertas das ciências específicas. As teorizações fundamentais do materialismo dialético são apresentadas por Marx e Engels como leis gerais que governam a natureza, a sociedade e o pensamento.

Enquanto teoria o materialismo dialético se apresenta amparado cognitivamente pela cientificidade do materialismo histórico. Tratava-se, no contexto do século XIX, de reivindicar o mesmo rigor desfrutado pelas demais ciências e, ao mesmo tempo, se contrapor a outras teorias, como a de Düring, e a grupos políticos que reivindicavam esta cientificidade. A combinação do materialismo com a dialética resultou na modificação de ambos. Neste caso o material e o ideal são opostos mas fazem parte de uma unidade na qual a matéria é essencial, pois pode existir matéria sem espírito mas o inverso não é possível.

Na geração que sucedeu à de Marx e Engels, entre os intelectuais que aderiram ao materialismo histórico, quatro se destacam por suas contribuições: Labriola (1843-1904), Mehring (1846-1919), Kautsky (1854-1938) e Plekhanov (1856-1918). Oriundos dos países mais atrasados do leste e do sul da Europa, todos eles tinham como projeto sistematizar o materialismo histórico, tornando-o uma nova visão de mundo, capaz de se contrapor e substituir a visão de mundo burguesa.

A geração seguinte viveu num período bem mais turbulento, marcado pelas disputas econômicas e políticas que resultaram na Primeira Guerra Mundial. Vindos da Alemanha e da Rússia, os mais importantes teóricos deste período tiveram uma participação muito ativa em movimentos revolucionários, com especial destaque para Lenin (1870-1923), Rosa Luxemburgo (1871-1919), Trotsky (1879-1940) e Bukharin (1888-1938). Após a Segunda Guerra Mundial, o fascismo havia sido derrotado em toda a Europa, exceto em Portugal e Espanha, onde Salazar e Franco mantinham ditaduras que ainda permaneceriam por um longo período. Enquanto nos países da Europa Oriental a URSS havia implantado o "modelo socialista" nos países do Leste europeu, nos demais permaneceu o domínio capitalista. Nesta geração, dois intelectuais surgidos na década de 1920 se tornarão grandes referências teóricas do *marxismo ocidental*: Georg Lukács (1885-1971) e Antonio Gramsci (1891-1937).

Na transição do moderno para o contemporâneo, um dos filósofos mais representativos da corrente espiritualista francesa foi Henri Bergson (1859-1941). A reflexão sobre a ciência moderna, a partir do evolucionismo de Herbert Spencer (1820-1903), levou Bergson a refletir profundamente sobre a questão do tempo. Desta reflexão ele extraiu a distinção conceitual entre *espaço* e *duração,* segundo a qual aquilo que a ciência chama de tempo não é o tempo em sua duração concreta e viva. A ciência nega a duração sem se dar conta disso. Quando o cientista pretende medir o tempo, na realidade ele mede o espaço. O tempo homogêneo da ciência é calculado pelo espaço percorrido pelos ponteiros do relógio. Este tempo é muito diferente do que Bergson chama de duração, que é o tempo experimentado pela consciência. Duas horas de relógio fazendo um trabalho monótono parecem intermináveis, mas este tempo parece passar muito rápido se a pessoa estiver assistindo a um filme empolgante, por exemplo.

Ao contrário de Comte, Bergson viu as limitações do campo científico e não pretendeu substituir a filosofia pela ciência. Sua filosofia, em contraste com os monismos idealista e materialista do século XIX, defende uma concepção dualista do mundo. De um lado, existe a matéria, como pensava Descartes; de outro, um princípio ou impulso vital, que não se reduz ao elemento mental dos racionalistas. Essas duas grandes forças estão envolvidas numa luta permanente, na qual o princípio ativo da vida se confronta com os obstáculos colocados pela matéria inerte. O traço básico do princípio vital é a liberdade de ação; por isso mesmo, o tipo de processo evolutivo postulado por Bergson é extraído da criação artística. Tal como o artista, que age movido pelo impulso criador, a natureza se transforma segundo um princípio criador também.

Nos Estados Unidos, a busca de uma referência para o trabalho intelectual fora da metafísica veio a ser o ponto central da corrente chamada pragmatismo. A crítica aos dualismos da filosofia tradicional, expressos nas polarizações realidade/aparência, sujeito/objeto, espírito/matéria, conduziu os pragmatistas a uma valorização da experiência prática. Charles Peirce (1839-1914), William James (1841-1910) e John Dewey (1859-1952) são os filósofos mais representativos da corrente pragmatista.

Peirce é considerado o seu fundador, mas alguns historiadores da filosofia admitem que o pragmatismo contemporâneo não se origina em Peirce, e sim na leitura que William James fez de sua obra. A partir desta leitura ele concluiu que qualquer afirmação que se pretenda verdadeira deve ter consequências práticas, deve possibilitar uma ação. Sentindo-se incompreendido e não identificado com esta tese, Peirce passou a marcar uma diferença em relação às suas ideias chamando sua própria filosofia de "pragmaticismo". Deste modo ele esperava que suas diferenças em relação às ideias de James fossem observadas e reconhecidas. Peirce foi um grande matemático e também autor de descobertas que contribuíram para o desenvolvimento da lógica simbólica. Ele possuia um vasto conhecimento da história da ciência e da filosofia. A partir deste conhecimento Peirce elaborou uma metafísica própria apoiando-se no realismo do filósofo medieval Duns Escoto.

Ao contrário de Peirce, que não teve muito sucesso na carreira acadêmica, Wiliam James teve uma longa e destacada trajetória em Harvard, onde foi professor de psicologia. Além de ter contribuído para a difusão do pragmatismo, James foi autor de uma doutrina que ele chamava de "empirismo radical", na qual procura demonstrar que o dualismo sujeito/objeto representa um obstáculo na construção do conhecimento. A base do conhecimento para ele era a *experiência pura*. Esta era entendida como a plenitude da vida, em contraste com as inúmeras reflexões abstratas sobre ela. Num tratado intitulado *Pragmatismo* (1907) James explica as especificidades do método pragmático e sua forma de relação com a verdade.

O filósofo ligado ao pragmatismo cujo pensamento teve maior influência e repercussão foi John Dewey. Legítimo representante da autêntica tradição liberal, Dewey tinha interesses muito variados, que iam muito além do existente na filosofia acadêmica de sua época. Sua importância no campo educacional foi se ampliando cada vez mais desde 1894, quando se tornou professor de filosofia na Universidade de Chicago. O pensamento de Dewey foi também influenciado pela lógica de Hegel, fato que se manifesta na sua insistência na tese de que os processos de investigação filosófica devem conduzir a uma nova forma de totalidade, uma totalidade orgânica. Mas a recusa de Dewey em admitir a existência de uma verdade absoluta é um aspecto que o distancia muito de Hegel.

Em 1904, ao se transferir da Universidade de Chicago para a de Colúmbia, por causa dos conflitos com a direção gerados pelo trabalho experimental em educação que vinha desenvolvendo, Dewey inicia uma nova etapa de trabalho onde ele aprofunda e difunde internacionalmente, através de palestras, suas teorias pedagógicas. Como ele próprio admitiu, seu "instrumentalismo" consiste na tese de que pensamento e ação são indissociáveis e complementares.

Na Itália, um pensador que se destacou na transição do moderno para o contemporâneo foi Benedetto Croce (1866-1952). Distante da filosofia acadêmica, e interessado, como Dewey, em assuntos bem variados, Croce deixou uma obra importante no campo da estética e da filosofia da história. Influenciada por Hegel e Vico, a concepção de história de Croce conserva elementos da dialética, apesar da sua crítica ao sistema idealista hegeliano, e da noção de desenvolvimento cíclico defendida por Vico.

No século XIX e início do século XX, o prestígio social da ciência é cada vez maior, enquanto a filosofia e a arte vivem condições bastante adversas. No início do século XX algumas pesquisas científicas mudam antigos paradigmas da física e da lógica, como a a teoria da relatividade de Einstein e as reflexões de Whitehead e Bertrand Russell sobre os fundamentos da matemática. Ao lado dessa produção, que reforça a tradição racionalista, também vinha se desenvolvendo, desde Kierkgaard (1813-1855) e Schopenhauer (1788-1860), uma reflexão que começava a colocar em xeque o poder e o domínio do racionalismo, da ciência e da própria razão.

Tomando como ponto de partida essas breves considerações, apresentaremos nos capítulos seguintes as correntes e pensadores que marcaram mais profundamente a filosofia do século XX. A seleção evidentemente não tem uma pretensão enciclopédica e foi feita a partir de dois critérios: pela influência exercida pelo filósofo e sua corrente de pensamento, e também visando alcançar um quadro mais amplo possível da produção contemporânea. Não obstante as suas limitações, acreditamos que poderá estimular jovens iniciantes no estudo da filosofia.

Bibliografia específica

HOBSBAWN, E. *A Era dos extremos*. São Paulo: Companhia das Letras, 1999.

LEBRUN, G. *Passeios ao léu*. São Paulo: Brasiliense, 1983.

ROVIGHI, S. V. *História da Filosofia Contemporânea*. Do século XIX à neoescolástica. São Paulo: Loyola, 2004.

RUSSEL, B. *História do Pensamento Ocidental*. A aventura das ideias dos Pré-socráticos a Wittgenstein. Rio de Janeiro: Ediouro, 2001.

Indicações de leitura

DELACAMPAGNE, Christian. *História da Filosofia no Século XX*. Rio de Janeiro: Jorge Zahar, 1997.

DEWEY, John. *A filosofia em Reconstrução*. São Paulo: Companhia Editora Nacional, 1958.

> **Temas para debate:**
>
> 1- Como o desenvolvimento científico repercutiu na construção das correntes filosóficas do século XX?
> 2- Em que sentido a corrente positivista se opõe ao pensamento dialético?
> 3- A resistência ao pensamento metafísico na corrente pragmatista.

2
A crítica da cultura em Nietzsche e Freud

> *O homem é uma corda atada entre o animal e o além do homem – uma corda sobre um abismo.*
> (Nietzsche, 1983, p. 227)

> *É sempre possível unir um considerável número de pessoas no amor, enquanto sobrarem outras pessoas para receberem as manifestações de sua agressividade.* (Freud, 1997, p. 71)

Comparando o nascimento de uma nova ciência ao nascimento de uma criança, Louis Althusser (1918-1990) observou os cuidados que são dispensados ao pré-natal em nossa cultura e como este cuidado está associado a valores morais, costumes e ao direito. Em oposição à cultura, a natureza seria a regra violada, a mãe solteira. Concluindo sua analogia, Althusser admite que no século XIX duas ou três crianças não eram esperadas: Marx Nietzsche e Freud. Filhos "naturais", representando, portanto, a transgressão aos costumes, à moral e ao direito, pagaram um preço alto - perseguições, difamações, miséria, solidão - para afirmar suas ideias e abrir novos caminhos para o conhecimento e a história humana.

A filosofia de Friedrich Nietzsche (1844-1900) e sua crítica radical à tradição filosófica ocidental começou a ser construída a partir da sua leitura da obra de Schopenhauer (1788-1860), filósofo alemão que se opunha radicalmente ao racionalismo e ao idealismo de Hegel. O impacto causado em Nietzsche pelo livro *O Mundo como vontade e representação* foi decisivo. Marcado por suas ideias, sobretudo pelo ateísmo e a valorização da experiência estética em Schopenhauer, Nietzsche manterá em toda a sua trajetória como pensador posições que têm origem na leitura desta obra.

A reflexão de Nietzsche sobre a Grécia antiga, especialmente sobre a relação entre a arte e a filosofia na época arcaica (século VIII a VI a.C.), foi determinante na criação de uma tese central de sua filosofia: a superioridade da arte em relação à filosofia e à ciência. Em *O Nascimento da Tragédia*, publicado pela primeira vez em 1871, a distinção que Nietzsche faz entre o ideal *apolíneo* e o *dionisíaco* introduz a questão do dinamismo e do jogo de forças que orientam a vida humana, e a dimensão estética e cultural inscrita neste movimento. Apolo, deus da beleza, da proporção, da harmonia e da serenidade, e Dioniso, deus da embriaguez, da desordem, da paixão são considerados formas complementares entre si, que foram separadas pela civilização. Nietzsche atribuía um valor extraordinário à cultura e religião grega.

Segundo o filósofo, com o surgimento da razão e da dialética socrática a filosofia inicia um processo de decadência, passando então a afirmar valores pretensamente superiores, que negam os aspectos negativos próprios da condição humana como o sofrimento, a imperfeição, a dor, a morte. Este modelo de razão socrático-platônico inaugura a supervalorização da verdade, do conhecimento, a negação deste mundo e o desejo de um mundo superior. O cristianismo veio fortalecer a busca de um outro mundo, existente no platonismo, intensificando assim a dualidade que veio a ser a marca da civilização cristã ocidental.

As distinções produzidas pelo aparato lógico-racional da metafísica – essência/aparência, verdade/ilusão, sujeito/objeto – foram consideradas por Nietzsche como expressão do *ideal ascético*. Em última instância, pode-se definir o ascetismo como negação deste mundo e da própria vida. Os valores da arte trágica foram tomados como paradigma por Nietzsche porque através da retomada desses valores seria possível a superação da decadência da civilização e do niilismo.

A crítica nietzscheana à filosofia socrático-platônica visa a transformação de todos os valores que sustentam a nossa cultura. A visão de mundo própria a esta crítica se revela na ideia do eterno retorno. Este tema indica o princípio da repetição como aquele capaz de transformar o agir humano e promover o surgimento de um novo homem. Partindo da suposição de que os atos praticados na vida das pessoas seriam revividos milhões de vezes em sucessivas existências, Nietzsche reconhece na capacidade do homem em suportar o eterno retorno de sua própria escolha, o fundamento de sua renovação e a criação de um homem superior. Esta crítica radical, que se desdobra numa genealogia da vontade de potência, encontra seu ponto de inflexão na transvaloração de todos os valores e no reconhecimento do sentido da vida como criação de valor.

A importância de Schopenhauer não foi decisiva apenas para Nietzsche. Freud o considerava seu precursor, pois ele foi um dos primeiros pensadores a admitir antes dele a importância e o significado da sexualidade na vida do indivíduo, e também a considerar a hipótese de uma vida mental inconsciente. Por isso mesmo, admitia Freud, Schopenhauer atraiu para si uma aversão e oposição que até sua época não havia se manifestado com tanta força em outros filósofos.

A propósito, alguém poderia perguntar por que incluir Freud, que era médico psiquiatra, entre os filósofos mais importantes do século XX? Na verdade, Freud tinha interesses que iam muito além da medicina e da psiquiatria. Além de leitor de Schopenhauer, ele era um estudioso da mitologia e apaixonado por arte e literatura. Todos esses interesses foram incorporados em sua obra, que adquiriu uma grandiosidade capaz de justificar a inclusão neste livro de algumas de suas teses sobre o homem e a cultura.

A análise de Freud sobre a cultura e a natureza humana tem afinidades com a de Thomas Hobbes (1588-1679), principalmente num ponto: ambos consideravam que não pode haver cultura e civilização sem repressão. Existe também uma afinidade entre eles no que diz respeito à índole humana, que aparece de modo bem explícito num trecho de *O Mal-estar na civilização* quando Freud afirma que os homens não são criaturas gentis que desejam ser amadas e que apenas se defendem quando atacadas. Ao contrário, são criaturas entre cujos dotes instintivos deve-se levar em conta uma poderosa carga de agressividade. Concluindo, ele admite: "Em resultado disso, o seu próximo é para eles, não apenas um ajudante potencial ou um objeto sexual, mas também alguém que os tenta a satisfazer sobre ele a sua agressividade, a explorar sua capacidade de trabalho sem compensação, utilizá-lo sexualmente sem o seu consentimento, apoderar-se de suas posses, humilhá-lo, causar-lhe sofrimento, torturá-lo e matá-lo - *Homo homini lupus*" (Freud, 1997, p. 67).

A tese de Hobbes sobre a natureza egoísta e anti-social do homem – *Homo homini lupus* – representa um confronto com a filosofia de Aristóteles e sua definição do homem como animal social. Num trecho do capítulo XIII do *Leviatã* Hobbes apresenta argumentos em defesa de sua tese dirigindo-se a um suposto leitor e a todos que julgam estranhas ou exageradas suas ideias:

> Poderá parecer estranho a alguém que não tenha considerado bem estas coisas que a natureza tenha assim dissociado os homens, tornando-os capazes de atacar-se e destruir-se uns aos outros. E poderá portanto, talvez desejar, não confiando nesta inferência feita a partir das paixões, que a mesma seja confirmada pela experiência. Que seja portanto ele a considerar-se a si mesmo, que quando empreende uma viagem se arma e procura ir bem acompanhado; que quando vai dormir fecha suas portas; que quando está em casa tranca seus cofres; e isto mesmo sabendo que existem leis e funcionários públicos armados, prontos a vingar qualquer injúria que lhe possa ser feita. Que opinião tem ele de seus compatriotas, ao viajar armado; de seus concidadãos ao fechar suas portas; e de seus filhos e servidores, quando tranca seus cofres? Não significa isso acusar tanto a humanidade com seus atos como eu o faço com minhas palavras? (Hobbes, 1979, p. 76)

A teoria profundamente materialista de Hobbes sobre o homem tem como base a paixão, o desejo. Sendo essencialmente paixão, o homem não reluta em destruir ou subjugar outros homens quando estes se apresentam como obstáculo à obtenção do seu desejo. Mas há uma diferença importante entre Hobbes e Freud, pois para o primeiro a repressão da instintividade é um mal menor e a "solução inevitável", enquanto que para o segundo a repressão é um problema seríssimo a ser enfrentado. Freud admite que os esforços empreendidos na manutenção da nossa civilização vêm resultando num estado de coisas que o indivíduo é incapaz de tolerar sem se tornar profundamente neurótico. A questão crucial para a espécie humana se resume, neste caso, em saber até que ponto será possível manter sob controle as perturbações causadas pela repressão às pulsões. A luta entre *Eros* e *Tanatos* na época atual adquiriu contornos muito especiais, pois o homem adquiriu um poder sobre a natureza que tem se tornado cada vez mais ameaçador para a sobrevivência da espécie. O embate entre as forças vitais e as forças de destruição foi reconhecido por Freud como a contradição central da cultura e da sociedade contemporânea.

Ao reconhecer que o homem age movido por paixões e desejos inconscientes, Freud mudou radicalmente a imagem que o homem tinha de si mesmo. Fazendo uma retrospectiva das mudanças culturais que antecederam este golpe, Freud considerou que a primeira ocorreu quando Copérnico, no século XVI, destruiu a ilusão de que a terra era o centro do universo. Após este golpe, que ele chamou de *cosmológico*, aconteceu um outro ainda mais terrível, o *biológico*, quando Charles Darwin colocou um fim na presunção humana de fazer parte de uma espécie que não tinha vínculos com outras espécies animais, ao considerar o *homo sapiens* como resultante dos processos de seleção natural e mutação genética. O terceiro golpe, de caráter *psicológico*, teve um alcance muito grande porque ao dizer que o *ego* não é dono de sua própria casa, Freud não atingiu apenas o amor próprio do homem, mas também a crença filosófica no poder da razão e os conceitos de razão construídos pelos filósofos até então.

Algumas reflexões sobre a religião e a questão do sentido da vida aparecem nas obras de Nietzsche e Freud de maneira bastante original.

Os trechos extraídos do livro *Humano, demasiado humano* que reproduzimos a seguir revelam porque Nietzsche criticava o cristianismo e valorizava a cultura e a religião politeísta dos antigos gregos. A seguir, em *O mal-estar na civilização* destacamos um trecho onde Freud levanta uma hipótese interessante sobre o sentido da vida e a importância da religião na vida das pessoas em nossa civilização.

> Os gregos não viam os deuses homéricos acima de si, como senhores, e não se viam abaixo deles, como servos, ao modo dos judeus. Viam como que apenas a imagem em espelho dos exemplares de sua própria casta que melhor vingaram, portanto um ideal, não um contrário de sua própria essência. Há o sentimento de parentesco recíproco, subsiste um interesse de lado a lado, uma espécie de simaquia. O homem pensa nobremente de si quando dá a si mesmo tais deuses e se coloca em uma relação como é a da nobreza inferior para com a superior; enquanto os povos itálicos têm uma boa religião de camponês, com constante inquietação contra potências más e caprichosas e espíritos torturantes. Onde os deuses olímpicos se retiravam, ali também a vida grega era mais sombria e inquieta. (...)
> Talvez não haja nada mais surpreendente para quem considera o mundo grego do que descobrir que os gregos davam a todas as suas paixões e maus pendores naturais, de tempo em tempo, como que festas e até mesmo instituíram estatalmente uma espécie de ordenamento de celebrações de seu demasiado-humano: é isto o propriamente pagão de seu mundo, que a partir do cristianismo, não é nunca compreendido, não pode nunca ser compreendido e é sempre combatido e desprezado do modo mais duro. – Eles tomavam esse demasiado-humano como inevitável e preferiam, em vez de insultá-lo, dar-lhe uma espécie de

direito de segunda classe, ordenando-o dentro dos usos da sociedade e do culto: aliás tudo o que tem *potência* no homem eles denominavam divino, e o inscreviam na parede de seu céu. Não negam o impulso natural que se exprime nas propriedades ruins, mas o ordenam e o limitam a cultos e dias determinados, depois de terem inventado suficientes medidas preventivas para poderem dar àquelas águas selvagens a vazão mais inócua possível. Esta é a raiz de todo o liberalismo moral na Antiguidade. (Nietzsche, 1983, p. 103 e 136)

A questão do propósito da vida humana já foi levantada várias vezes; nunca, porém, recebeu resposta satisfatória e talvez não a admita. Alguns daqueles que a formularam acrescentaram que, se fosse demonstrado que a vida *não* tem propósito, esta perderia todo valor para eles. Tal ameaça, porém, não altera nada. Pelo contrário, faz parecer que temos o direito de descartar a questão, já que ela parece derivar da presunção humana, da qual muitas outras manifestações já nos são familiares. Ninguém fala sobre o propósito da vida dos animais, a menos, talvez, que se imagine que ele resida no fato de os animais se acharem a serviço do homem. Contudo, tampouco essa opinião é sustentável, de vez que existem muitos animais de que o homem nada pode se aproveitar, exceto descrevê-los e estudá-los; ainda assim, inumeráveis espécies de animais escaparam inclusive a essa utilização, pois existiram e se extinguiram antes que o homem voltasse seus olhos para elas. Mais uma vez, só a religião é capaz de resolver a questão do propósito da vida. Dificilmente incorreremos em erro ao concluirmos que a ideia de a vida possuir um propósito se forma e desmorona com o sistema religioso. (Freud, 1997, p. 23)

Bibliografia específica

DELEUZE, Gilles. *Nietzsche e a filosofia*. Rio de Janeiro: Editora Rio, 1976.

FREUD, Sigmund. *O Mal-Estar na Civilização*. Rio de Janeiro: Imago, 1997.

HOBBES, Thomas. *Leviatã* ou Matéria, forma e poder de um estado eclesiástico e civil. São Paulo: Abril Cultural, 1979 (Col. Os Pensadores).

MARTON, Scarlett. *Nietzsche*. São Paulo: Brasiliense, 1984 (Col. Encanto Radical).

MEZAN, Renato. *Freud, pensador da cultura*. São Paulo: Brasiliense, 1985.

NIETZSCHE, Friedrich. *A Genealogia da Moral*. São Paulo: Editora Moraes, 1991.

Indicações de leitura

FREUD, Sigmund. *O Mal-Estar na Civilização*. Rio de Janeiro: Imago, 1997.

MACHADO, Roberto. *Nietzsche e a Verdade*. Rio de Janeiro: Rocco, 1984.

> **Temas para debate:**
>
> 1- Quais as principais críticas de Nietzsche à tradição filosófica?
> 2- A avaliação de Freud sobre a civilização e a reformulação dos valores da sociedade atual.
> 3- A questão do sentido da vida pode ser considerada a mais fundamental da filosofia?

3

Filosofia e política em Lukács e Gramsci

> *Torna-se necessário um trabalho mental de tipo completamente particular para que o homem do capitalismo descubra no interior das categorias reificadas (mercadoria, preço, dinheiro etc.) que determinam a vida cotidiana dos homens a verdadeira essência delas, de relações sociais entre homens.*
> (Georg Lukács, 1968, p. 23)

> *O ter feito do filósofo especialista uma figura semelhante aos outros especialistas na ciência foi precisamente o que determinou a caricatura do filósofo.*
> (Antonio Gramsci, 1978, p. 44)

Georg Lukács (1885-1971) nasceu em Budapeste, onde fez seus primeiros estudos e seu doutorado em filosofia. Estudou depois em Berlim e Heidelberg, época em que esteve muito proximo do neokantismo e do historicismo de Dilthey e Simmel. O primeiro livro de Lukács, escrito em alemão, e não em húngaro, sua língua de origem, foi *A alma e as formas* (1911), que impressionou tanto o escritor Tomas Mann que alguns críticos de sua obra consideram que ele se inspirou em Lukács para construir o personagem Leon Naphta do seu romance *A Montanha Mágica*. Outros admitem que o personagem também cabe em Ernst Bloch, que, junto com Husserl, Dilthey, Jaspers, Heidegger, integra o grupo de intelectuais com quem Lukács dialogava nesta época. Além desse grupo, Lukács tambem frequentava o famoso Círculo Max Weber em

Heidelberg, que se reunia na casa do sociólogo. Entre os participantes deste círculo estavam o filósofo neokantiano Emil Lask, os sociólogos Sombart e Simmel, e o jovem filósofo Ernst Bloch, na época também fascinado como Lukács pela literatura e filosofia religiosa russa.

A crítica de Lukács à sociedade moderna começou a ser construída sob forte influência das ideias românticas e dos debates sobre religião que aconteciam no Círculo Max Weber. Em seu livro *Teoria do romance* (1914-15), analisando o romance como forma, Lukács admite que ele representa uma tentativa de substituir a antiga epopeia numa época em que ela já não tem mais condições de existir. O romance seria a epopeia *num mundo abandonado por Deus*, um mundo mercantilizado e burocratizado. Lukács retém nesta obra elementos da tese weberiana da modernidade como *desencantamento do mundo*, isto é, como um processo de substituição de valores onde o sentimento é negado por uma razão fria e calculista. Com a adesão ao materialismo histórico e filiação ao Partido Comunista Húngaro, em dezembro de 1918, a dimensão romântica vai diminuindo no pensamento de Lukács. O conceito weberiano de desencantamento do mundo adquire, então, um outro sentido, o de "desencantar" no sentido de quebrar um encanto e superar a ingenuidade em relação ao mundo, promovendo a emancipação do homem, como propunham no século XVIII os Iluministas.

No período de 1919 a 1922 Lukács escreve uma série de ensaios de grande profundidade que serão reunidos numa coletânea e publicados, em 1923, com o título *História e Consciência de Classe*. Neste livro o romantismo de Lukács está muitíssimo atenuado mas ainda presente. É só no final dos anos 1920 que passa a existir em Lukács uma certa rejeição ao romantismo, mas isto não acontece sem conflitos e hesitações. *Marxismo e Filosofia*, de Karl Korsch, e *História e Consciência de Classe*, de Lukács, são considerados o ponto de partida dos desenvolvimentos contemporâneos do marxismo que, distinguindo-se do "materialismo dialético" soviético, veio a ser reconhecido através da expressão "marxismo ocidental", cunhada por Merleau-Ponty no livro *Aventuras da Dialética* (1955).

A influência da *Teoria do Romance* e *História e Consciência de Classe* sobre os intelectuais marxistas foi muito grande, apesar do próprio autor ter rejeitado as duas obras algum tempo depois de publicá-las. Walter Benjamin talvez seja o filósofo mais marcado por elas, ainda que sua trajetória seja uma espécie de contraposição sistemática ao marxismo de Lukács. A compreensão dos processos históricos de longa duração no ensaio "O Narrador" mostra uma interlocução profunda com a *Teoria do Romance*.

O objetivo central de Lukács em *História e Consciência de Classe* é criticar radicalmente, isto é, pela raiz, a cultura burguesa através do conceito de *reificação*. Mas essa crítica não visa opor a esta cultura um modelo ideal abstrato, e sim localizar as contradições da sociedade capitalista e as possibilidades de intervir nela através de uma práxis revolucionária. As referências utilizadas na análise do autor são *O Capital*, de Marx, especialmente o capítulo sobre o fetichismo da mercadoria no Livro I de *O Capital*, as passagens sobre a coisificação no Livro III de *O Capital*, e as análises sociológicas de Max Weber, Simmel e Tönies sobre o poder do dinheiro na sociedade capitalista.

Segundo Michel Löwy (1990), uma das razões da grande riqueza da teoria lukacsiana da reificação é a preservação do legado romântico da sociologia alemã. Não se trata de uma mistura eclética de duas fontes heterogêneas, o romantismo e o marxismo, mas da identificação de temas de origem romântica no interior do marxismo. Löwy considera que a sociologia anticapitalista romântica alemã não é uma ideologia reacionária nem uma visão de mundo irracionalista que conduz, em última instância, ao fascismo, como o próprio Lukács posteriormente avaliou, pois há uma racionalidade na crítica dos sociólogos românticos alemães à sociedade capitalista, apesar de suas ilusões e inclinações idealistas.

O sentido de *reificação* para Lukács está ligado ao processo de transformação do trabalho humano no capitalismo. Trata-se de um fenômeno *estrutural* da cultura burguesa, que tem como fundamento a mercadoria. No capitalismo tudo se transforma em mercadoria, até o próprio homem, que é incorporado ao processo de produção como uma extensão da máquina. O processo de reificação se realiza quando as relações humanas perdem a sua condição de humanidade e se transformam em relações entre *coisas*. Este processo é *naturalizado* na sociedade capitalista, isto é, ele não é percebido como algo produzido historicamente pelos próprios homens. Assim, o homem fica reduzido à condição de uma simples peça de um sistema de produção que ele não controla, um sistema visto por ele próprio como um conjunto de arbitrariedades, de leis abstratas e impessoais que dominam toda a sociedade. O que torna esta análise de Lukács interessante e atual é que ela não considera a tecnologia e o processo de produção como isentos de compromisso com a *estrutura* do capitalismo, como uma coisa neutra. Neste sentido Lukács antecipa elementos da crítica social de Walter Benjamin, Marcuse, Ernest Mandel, e de Jürgen Habermas.

A saída para os problemas engendrados pelo capitalismo não estaria, evidentemente, numa volta ao passado, até porque Lukács reconhece que a exploração e a opressão próprias às sociedades de classe existiam antes do capitalismo. Isso não impede, entretanto, que alguns valores existentes no passado representem uma contraposição interessante à reificação do capitalismo. Lukács faz uma articulação passado/presente neste período que não é linear.

Observando o processo de organização social em várias esferas, Lukács considera a estrutura do Estado e sua burocracia uma máquina criada para controlar os indivíduos e institucionalizar a reificação. Desenvolvendo uma ideia que já aparece em Rosa Luxemburgo, à qual não por acaso é dedicado um dos ensaios de *História e Consciência de Classe*, Lukács interpreta a dialética como o método capaz de arrancar os fatos de sua aparente imobilidade para incluí-los numa totalidade dinâmica. Sem a dialética a história torna-se uma sequência de fatos que acabam adquirindo um caráter de inexorabilidade. Assim, os acontecimentos passam a ser vistos como uma fatalidade.

Para Lukács o intelectual (seja ele um filósofo, cientista ou artista) materialista deve analisar as formas reificadas mostrando que elas são produzidas pelos homens no decorrer da história. Sendo criações humanas, podem ser transformadas. A transformação é difícil porque a burguesia, fazendo valer seus interesses, impede que sejam criadas alternativas capazes de colocar em risco o capitalismo. Em *História e Consciência de Classe*, a possibilidade de uma verdadeira compreensão da *totalidade social*, e das inúmeras formas da reificação, é relacionada ao ponto de vista do proletariado. Este "privilégio" se explica porque em sua atividade no mundo do trabalho, o operário é reduzido ao estado de pura mercadoria de maneira explícita e radical, ao contrário das outras classes, que por isso mesmo tendem a criar a ilusão de autonomia. Argumentando a respeito da importância da *totalidade*, e ao mesmo tempo criticando as vanguardas artísticas, Lukács admite:

> Enquanto combate o naturalismo, entretanto, a estética do marxismo combate com não menos firmeza um outro falso extremo: aquela concepção que, partindo da ideia de que a mera cópia das formas deve ser rejeitada, e da ideia de que as formas artísticas são independentes dessa realidade superficial, chega a atribuir, no âmbito da teoria e da prática da arte, uma independência absoluta das formas artísticas; chega a considerar a perfeição formal como um fim em si mesma e, por conseguinte, a prescindir da realidade na busca de tal perfeição, figurando ser completamente independente do real e possuir o direito de modificá-lo e estilizá-lo arbitrariamente. É uma luta na qual o marxismo continua e desenvolve as concepções que os mestres da literatura mundial sempre tiveram em relação à essência da verdadeira arte: concepções segundo as quais *à arte cabe representar fielmente o real na sua totalidade*, de maneira a manter-se distanciada tanto da cópia fotográfica quanto do puro jogo (vazio em última instância) com as formas abstratas. (Lukács, 1968, p. 30)

Ao considerar privilegiada a consciência do proletariado, Lukács não está querendo dizer que sua produção de conhecimento é sempre mais correta, mas que seu ponto de vista e seus interesses favoreçam uma compreensão mais verdadeira da realidade. Para o capitalista a ocultação da verdade é necessária à sua sobrevivência enquanto classe; para o operário a ocultação da verdade é que mantém a exploração do seu trabalho.

As avaliações da obra de Lukács têm gerado muita polêmica. O dramaturgo alemão Bertold Brecht, fazendo um balanço das posições assumidas por Lukács, admitiu que ele permaneceu ligado a um cânone de realismo que era o da burguesia do século XIX; quanto às suas análises históricas o principal problema era que elas não partiam das contradições econômicas do capitalismo e das lutas de classes, mas da categoria ideológica de *totalidade,* considerada por ele uma categoria central do marxismo. A luta contra o capitalismo seria, nesta perpectiva, uma luta contra a "falsa consciência".

Do ponto de vista político, a questão mais criticada em Lukács é a frágil oposição, até sua morte, em 1972, às práticas totalitárias da URSS. Nas últimas obras de Lukács há referências à repressão aos intelectuais comunistas pelo "sectarismo dogmático" da União Soviética, mas o tom das críticas levou o historiador Isaac Deutscher a admitir que Lukács foi um caso de verdadeira rendição ao stalinismo, rendição difícil, mas de certo modo irrevogável, pois em nenhum momento ele questionou de fato os processos de Moscou, o pacto nazi-soviético, a repressão da União Soviética às mobilizações na Hungria em 1956 e à Tchecoslováquia em 1969.

Apesar dessas críticas e das autocríticas que o próprio Lukács fez no decorrer de sua vida, o livro *História e Consciência de Classe* exerceu uma enorme influência no pensamento marxista. O intelectual marxista que retoma atualmente a ideia de totalidade de Lukács é Fredric Jameson. Ele tentou reinventar esta categoria e a concepção de realismo a ela relacionada, respondendo à tese de Jean-François Lyotard sobre o fim das grandes narrativas filosóficas e suas pretensões de apresentar uma visão da cultura humana em sua totalidade. A incorporação do marxismo como visão de mundo e a tentativa de vinculação entre teoria e prática são dois aspectos que distinguem as reflexões de Lukács e que também o aproximam do filósofo italiano Antonio Gramsci, que apresentaremos em seguida.

Enquanto Lukács trabalhava na Alemanha na reelaboração filosófica do marxismo revendo suas raízes hegelianas, Antonio Gramsci se perguntava sobre as condições para começar e desenvolver uma real transformação política na sociedade, e sobre o papel do marxismo neste processo, isto é, sobre o marxismo enquanto "filosofia da práxis".

Nascido numa região pobre da Itália, a ilha da Sardenha, numa família de classe média provinciana, Gramsci conseguiu em 1911 uma bolsa de estudos na Universidade de Turim. Inicialmente ele fica bastante impressionado com a obra do filósofo idealista Benedetto Croce. Mas, sensível e atento ao movimento dos trabalhadores em Turim, se aproxima do marxismo e ingressa, em 1913, no Partido Socialista Italiano.

A compreensão a respeito da necessidade dos trabalhadores irem além dos seus interesses corporativos, e o papel político da cultura e da ideologia, aparecem com muita ênfase nos escritos de Gramsci desde essa época. Em 1919 ele participa da fundação de um jornal semanal em Turim, o *L'Ordine Nuovo*, cujo objetivo era dar sustentação teórica e prática aos movimentos dos trabalhadores que então cresciam na Itália em ritmo acelerado.

Influenciado por algumas ideias de Georges Sorel (1847-1922), Gramsci atribuiu, aos Conselhos de fábrica que se formavam nesta época, um papel importante na educação política dos trabalhadores e, em decorrência de sua intervenção, na criação de um novo tipo de Estado. Tratava-se, para ele, de construir uma nova ordem social capaz de assegurar o desenvolvimento das forças produtivas. É a partir desta avaliação que tem origem a elaboração de um conceito fundamental no pensamento de Gramsci, o conceito de *hegemonia*.

Em 1921, Gramsci participa da fundação do Partido Comunista Italiano e em 1924 é eleito membro do Parlamento italiano em decorrência de sua militância. Preso pelo regime de Mussolini em 1926, é condenado a mais de 20 anos de prisão. Foi, portanto, em condições extremamente adversas que Gramsci escreveu a maior parte de sua obra.

Abordando diferentes temas ao mesmo tempo, ele chegou a produzir na prisão mais de 34 cadernos de anotações.

O ponto de partida de suas reflexões foi o estudo da função política dos intelectuais, sobretudo os intelectuais orgânicos ligados às classes trabalhadoras e progressistas. Compartilhando dos problemas e das necessidades das classes populares, esses intelectuais podem dar-lhes uma orientação teórica e prática para a organização de uma nova ordem social. A tarefa que cabe aos filósofos, portanto, é a elaboração de uma visão de mundo coerente, capaz de subsidiar a luta pela hegemonia das classes populares.

O marxismo entendido como filosofia da práxis significa a conclusão do processo de reforma intelectual e moral iniciado na época moderna. A práxis produz uma filosofia que é também política e uma política que é também filosofia. De acordo com esta visão, não se pode prever o futuro da sociedade com a mesma objetividade como se prevêem os fenômenos naturais, como pretendia a ortodoxia soviética. Gramsci reforça o componente ativo e a dimensão subjetiva da práxis.

De maneira bem simples, podemos dizer que a história para Gramsci nada mais é do que a atividade prática dos diferentes grupos sociais em luta pela hegemonia. Neste caso é fundamental saber como se constrói a hegemonia. O fator que move o desenvolvimento de toda a sociedade é o que Gramsci chama de "grupo social fundamental", cuja base de sustentação nasce no terreno da economia. Mas é no momento em que a ação e a influência desse grupo ultrapassa o terreno da economia, envolvendo outros grupos sociais no seu projeto de sociedade, que ele se torna hegemônico. A construção de uma *vontade coletiva* de um grupo ou classe social constitui o fundamento de toda hegemonia.

De acordo com esta concepção, entre a infraestrutura econômica e a superestrutura não existe um vínculo de causalidade onde o primeiro termo determina o segundo, mas uma influência recíproca. Nenhuma classe ou grupo mantém seu domínio somente através da força, mas por ser capaz de exercer uma liderança intelectual e moral na sociedade. A unificação e identificação entre grupos e pessoas em torno de um projeto forma o que Gramsci chamou de *bloco histórico*. É ele que constitui a base de consentimento para uma certa ordem social, na qual uma certa classe social, coordenando as instituições e ideias, se torna dominante.

Este processo de dominação envolve concessões às outras classes e a construção de uma visão de mundo que se apresenta como universal. Enquanto ideologia, esta visão organiza a ação pela maneira como se materializa nas relações, instituições e práticas sociais. Gramsci define o núcleo do seu projeto político como a criação de uma sociedade regulada em que a hegemonia e a sociedade civil, isto é, o consentimento se expande e a sociedade política e a coerção vão se restringindo. Para que isto aconteça é preciso que os trabalhadores criem um novo bloco histórico e desenvolvam sua hegemonia absorvendo as ideias e os interesses das classes populares. Neste processo a filosofia sistemática dos filósofos e a filosofia não sistemática das pessoas comuns deve convergir, mantendo evidentemente suas diferenças.

Expondo sua compreensão sobre o que distingue o pensamento do filósofo profissional do pensamento das pessoas comuns, e o que distingue o trabalho especializado do filósofo do trabalho especializado dos demais especialistas, Gramsci escreveu:

> Uma vez aceito o princípio que todos os homens são "filósofos", isto é, que entre os filósofos profissionais ou "técnicos" e os outros homens não há diferença "qualitativa" mas apenas "quantitativa" (neste caso "quantidade tem um significado particular", que não pode ser confundido com soma aritmética, já que indica maior ou menor "homogeneidade", "coerência", "logicidade" etc., isto é quantidade de elementos qualitativos), deve contudo ver-se em que consiste propriamente a diferença. Assim, não será exato chamar "filosofia" a cada tendência de pensamento, a cada orientação geral etc., nem mesmo a cada "concepção do mundo e da vida". O filósofo poder-se-á chamar "um operário qualificado" em relação ao

servente, mas nem mesmo isto é exato, porque na indústria, além do servente e do operário qualificado, há o engenheiro, quando não só conhece o ofício praticamente, mas teórica e historicamente. O filósofo profissional ou técnico não "pensa" com maior rigor lógico, com maior coerência, com maior espírito de sistema do que os outros homens, mas conhece toda a história do pensamento, sabe explicar o desenvolvimento que o pensamento teve até ele e é capaz de retomar os problemas a partir do ponto em que se encontram, depois de terem sofrido as mais variadas tentativas de solução etc. Tem, no campo do pensamento, a mesma função que os especialistas nos diversos campos científicos.

Todavia, há uma diferença entre o filósofo especialista e os outros especialistas: é que o filósofo especialista aproxima-se mais dos outros homens do que os outros especialistas. O ter feito do filósofo especialista uma figura semelhante aos outros especialistas na ciência foi precisamente o que determinou a caricatura do filósofo. Com efeito, pode imaginar-se um entomólogo especialista, sem que todos os outros sejam "entomólogos" empíricos, um especialista da trigonometria, sem que a maior parte dos outros homens se ocupem de trigonometria etc. (podem-se encontrar ciências refinadíssimas, especializadíssimas, necessárias, mas não por isso comuns), mas não se pode pensar em nenhum homem que não seja também filósofo, que não pense, precisamente porque o pensar é próprio do homem como tal (a não ser que seja patologicamente idiota). (Gramsci, 1978, p. 44)

Bibliografia específica

ANDERSON, Perry. *Considerações sobre o Marxismo Ocidental*. São Paulo: Brasiliense, 1989.

GRAMSCI, Antonio. *Cartas do Cárcere*. Rio de Janeiro: Civilização Brasileira, 1987.

HOBSBAWM, E. J. (org.) *História do Marxismo*. Rio de Janeiro: Paz e Terra, 1982.

LUKÁCS, Georg. *História e consciência de classe*. São Paulo: Martins Fontes, 2003.

LUKÁCS, Georg. *Ensaios Sôbre Literatura*. Rio de Janeiro: Civilização Brasileira, 1968.

Indicações de leitura

GRAMSCI, Antonio. *Concepção Dialética da História*. Rio de Janeiro: Civilização Brasileira, 1978.

LÖWY, Michel. *Romantismo e messianismo: ensaios sobre Lukács e Walter Benjamin*. São Paulo: Perspectiva/Editora da Universidade de São Paulo, 1990.

Temas para debate:

1- A compreensão de Lukács e Gramsci sobre a relação entre filosofia e política.
2- Qual o sentido atribuído por Lukács à palavra *reificação*?
3- Em que medida a afirmação de Gramsci "todos os homens são filósofos" representa uma crítica à filosofia tradicional?

4

A consciência e o mundo na fenomenologia

> *Quando perguntamos pela tarefa do pensamento isto significa, no horizonte da filosofia: determinar aquilo que interessa ao pensamento, aquilo que para o pensamento ainda é controverso, o caso em litígio.* (Heidegger, 1972, p. 45)

> *Se fosse preciso dar um curso sobre fenomenologia, seria, sem dúvida, no fenômeno poético que se encontrariam as lições mais claras, as lições mais elementares.* (Bachelard, 1978, p. 191)

A fenomenologia é uma das correntes filosóficas mais importantes do século XX. Seu criador foi Edmund Husserl (1859-1938), um estudioso de astronomia e matemática que começou a se interessar pela filosofia após ter frequentado os cursos de Franz Brentano na universidade de Viena. Husserl nasceu na Morávia, região que hoje faz parte da República Checa. Sua preocupação inicial como filósofo foi pensar um método capaz de permitir a revelação dos aspectos que caracterizam a experiência humana na apreensão do real, e também a revelação dos processos da consciência próprios a esta experiência. Tratava-se, naquele momento, de conhecer os elementos básicos da experiência.

Considerando insuficientes as posições do empirismo e do racionalismo a respeito do conhecimento, e discordando de algumas teses de Kant e Hegel sobre o conceito de fenômeno e a relação sujeito-objeto,

Husserl tenta superá-las afirmando a ideia de uma interdependência entre o sujeito do conhecimento e o objeto que se pretende conhecer através da noção de *intencionalidade*, apresentada por ele numa afirmação aparentente óbvia: *toda consciência é consciência de alguma coisa*. Isto significa que, ao contrário do que supunham os inatistas, não existe uma consciência separada do mundo, assim como não existe, como imaginavam os empiristas, um objeto em si, cujo significado independe da consciência do sujeito. A consciência é o centro da atividade do conhecimento. As significações produzidas pela consciência permitem que as coisas do mundo adquiram sentido para nós.

Kant considerava que o mundo se mostra para nós sob as formas do espaço e do tempo, isto é, como *fenômeno*, mas ele pensava também que o mundo não existia só como fenômeno; ele tinha uma existência *em si*, essa realidade para além do fenômeno Kant chamava de *noumeno*. Nunca poderemos conhecer este mundo em si, tal como ele existe, independente de nossa consciência. Husserl discordava dessa divisão entre mundo dos fenômenos e *noumeno*. Para ele tudo é fenômeno, não há nada por trás dos fenômenos.

Não existe algo oculto por trás das aparências que percebemos; por isso é vã a tentativa de procurá-la. O objeto do conhecimento é aquilo que aparece em nossa consciência. O lema da fenomenologia – *de volta às coisas mesmas* – destaca a importância dos fenômenos em seu modo de aparecer para nós. Há nesta concepção uma contraposição ao positivismo, pois os fatos não são considerados dados brutos com significação intrínseca.

Em sua tentativa de definição de uma nova base para o conhecimento, a fenomenologia de Husserl não aceita submeter as leis da lógica à análise da psicologia, pois esta subordinação resultaria num relativismo, e, como consequência, na negação da possibilidade de uma *ciência rigorosa*. Nos termos husserlianos, as ideias ou essências se manifestam através da unidade entre a atividade do sujeito pensante e o objeto pensado. Para se chegar a um conhecimento seguro, ou às essências, é preciso romper com a *atitude natural* pela suspensão – *epoché* – das crenças que sustentam nossa compreensão do mundo. Em seguida, submeter a própria consciência subjetiva a uma análise para que dela possa emergir um novo eu, um eu não empírico, que constitui a base de toda experiência cognoscente.

Retomando a noção de intencionalidade de Husserl e, ao mesmo tempo, criticando a ênfase dada por ele à consciência do sujeito no processo de conhecimento, Martin Heidegger (1889-1976) afirmará que o que torna possível a intencionalidade da consciência é o *Ser*. Entendendo por Ser não uma verdade transcendental, mas a verdade que existe verdadeiramente no mundo, que deixa de estar oculta ao se mostrar para nós através do des-velamento. Em sua obra *Ser e Tempo*, Heidegger retoma a filosofia dos pré-socráticos, e a partir dela critica toda a tradição filosófica ocidental, considerando como característico desta tradição o *esquecimento do Ser*. Os dualismos existentes no pensamento platônico e cartesiano, realidade/aparência e sujeito/objeto, teriam reduzido a filosofia a uma discussão sobre o conhecimento.

A conclusão que Heidegger tira, analisando o percurso da nossa tradição, é que a redução da filosofia à teoria do conhecimento não foi o único elemento de decadência que se introduziu na civilização ocidental; o humanismo moderno inaugurou um tipo de cultura que reduz o sentido de todas as coisas que existem no mundo à utilidade que elas têm para o homem. A ciência e a tecnologia, por sua vez, se transformaram em ferramentas de manipulação dos objetos, incluindo entre esses objetos o próprio homem. Considerando todos esses aspectos, Heidegger propõe uma *volta às coisas* através de uma nova experiência com a linguagem.

O esquecimento do ser foi pensado por Heidegger durante mais de cinquenta anos. Para ele este problema implicava na compreensão dos padrões ritualizados da cultura que levam o homem a esquecer quem ele é. Neste sentido, a problemática se desdobra na questão da liberdade. Em suas origens, a filosofia estava voltada para a questão do ser, mas desde o surgimento da filosofia de Platão, na Grécia clássica, ela se entregou ao seu esquecimento. Por isso, o filosofar exige, para Heidegger, um re-começar.

Existe um caminho capaz de corrigir a trajetória da metafísica, é fazê-la voltar para as suas origens. Heidegger pensava que para percorrer este caminho é preciso superar a metafísica refazendo o seu itinerário desde o início. E como o que está em questão é o ser, cabe perguntar novamente o que é o ser. Esta é uma das noções mais difíceis porque se trata de uma ideia muito abstrata. A dificuldade de responder também resulta dos inúmeros significados que esta noção adquiriu e das interpretações concernentes a eles. Podemos dizer que o ser é aquilo que existe verdadeiramente, mas esta resposta não dá conta do problema, apenas nos desloca para uma nova questão, a questão da verdade.

Heidegger tomou como tarefa interrogar o sentido preciso do ser. Mas trata-se de uma tarefa ingrata porque a questão nunca se esgota, dada a incompletude inevitável de todas as respostas. Quando o ser se mostra para nós, não podemos tomar esse instante como absoluto porque assim perdemos o caráter dinâmico do ser enquanto verdade.

A vida e a obra de Heidegger tem sido objeto de muitos questionamentos por causa do seu envolvimento pessoal com a ideologia nazista. Como um filósofo capaz de análises tão sofisticadas pode aderir a um projeto político tão primário como o de Hitler e seus aliados? Pergunta difícil de responder. Muitos historiadores da filosofia trataram desta questão, alguns com ousadia e erudição, outros tentando separar excessivamente o filósofo do homem, a vida da obra. A gravidade da pergunta faz com que a questão permaneça em aberto, produzindo uma sombra que se projeta como uma mancha na obra de Heidegger.

Opondo-se à metafísica tradicional e ao positivismo, Heidegger conduziu o seu pensamento contra o dualismo existente no pensamento platônico-cartesiano. A separação realidade/aparência e a separação sujeito/objeto teriam levado a filosofia a um desvio que resultou na ideia de verdade como representação do sujeito. Segundo Heidegger, ao retirar a verdade do mundo, este teria se tornado mais vulnerável à manipulação do homem. Através da fenomenologia Heidegger tentou realizar um encontro com o ser e com o próprio homem; durante muito tempo ele acreditou que com o método fenomenológico estaríamos em condições de recuperar o que perdemos: o *ser* em sua própria verdade.

No texto "Meu caminho para a fenomenologia", publicado em 1963, Heidegger faz um balanço que preserva a importância da fenomenologia e ao mesmo tempo revela o sentido que ela tinha para ele:

> E hoje? Parece que o tempo da filosofia fenomenológica passou. Já é julgada como algo passado, que é apenas consignado ainda historiograficamente ao lado de outros movimentos filosóficos. Entretanto, a Fenomenologia não é nenhum movimento, naquilo que lhe é mais próprio. Ela é possibilidade do pensamento – que periodicamente se transforma e somente assim permanece – de corresponder ao apelo do que deve ser pensado. Se a Fenomenologia for assim compreendida e guardada, então pode desaparecer como expressão, para dar lugar à questão do pensamento, cuja manifestação permanece um mistério.
> *Post scriptum* de 1969.
> O essencial para ela (a Fenomenologia) não consiste em *realizar-se* como "movimento" filosófico. Acima da atualidade está a *possibilidade*. Compreender a Fenomenologia quer unicamente dizer: captá-la como possibilidade. (Heidegger,1972, p.107)

As possibilidades da fenomenologia como método de compreensão da realidade se revelam de muitas maneiras na filosofia. Na obra de Gaston Bachelard, por exemplo, o problema da obra de arte foi tratado através de uma *fenomenologia* da imaginação. O método fenomenológico é, segundo Bachelard, o método por excelência da imaginação criadora porque ele permite que o filósofo vá além do visível. A imagem poética só pode ser captada fenomenologicamente porque *ela emerge na consciência como um produto direto do coração, da alma*. Se num primeiro momento ganha destaque uma interpretação *objetiva* fundada nos quatro elementos e nas noções de inconsciente coletivo e arquétipo, num segundo momento Bachelard distancia a imaginação das determinações da psicologia, entregando-se ao *devaneio* e explorando todas as suas possibilidades.

Ao assumir a palavra de ordem da fenomenologia – de volta às coisas mesmas – Bachelard volta à obra de arte, pintura, escultura, poesia, para descrevê-la, para dizer o que ela lhe inspira, mas ele não trai a obra ao se deixar invadir por ela. Segundo Mikel Dufrenne, a posição assumida por Bachelard pretende mostrar como a obra o atinge, como ela age sobre ele. Esta entrega à obra enaltece e desenvolve um sentido, não é uma traição. Ao se encarnar no leitor, a obra se objetiva e se abre a uma história, e assim, o seu sentido não cessa de se enriquecer. Cada leitura descobre mais sentidos; assim, o leitor "não se acrescenta à obra mas acrescenta a obra a si mesmo" (Dufrenne, 2002, p. 201).

A fenomenologia de Bachelard trabalha a partir da distinção entre imaginação formal e imaginação material: a imaginação formal desenvolve uma postura contemplativa em relação ao mundo; a imaginação material, ao contrário, absorve a materialidade do mundo e solicita do artista e do leitor da obra de arte uma postura ativa. O envolvimento direto com a obra e com o mundo nutrem a imaginação material. Tratando a imagem como *acontecimento objetivo e evento de linguagem*, Bachelard se opôs às concepções que tentam submeter a imagem ao conceito. Essas reduções minam o poder da imaginação e desclassificam o saber da arte.

Bibliografia específica

BACHELARD, Gaston, *Bachelard*. São Paulo: Abril Cultural, 1978 (Col. Os Pensadores).

HEIDEGGER, Martin. *O Fim da filosofia ou a questão do pensamento*. São Paulo: Duas cidades, 1972.

HUSSERL, Edmund. *A Ideia da Fenomenologia*. Lisboa: Edições 70, 2001.

Sugestões de leitura

GILES, Thomas R. *História do Existencialismo e da Fenomenologia*. São Paulo: EPU, 1989.

QUILLET, Pierre. *Introdução ao pensamento de Bachelard*. Rio de Janeiro: Zahar, 1977.

> **Temas para debate:**
>
> 1- Como a fenomenologia avalia as principais teses da filosofia moderna sobre o conhecimento?
> 2- Qual é ponto central da crítica de Heidegger à tradição filosófica?
> 3- As interpretações possíveis da afirmação de Heidegger: *Compreender a fenomenologia quer unicamente dizer: captá-la como possibilidade.*

5

A filosofia da existência: Merleau-Ponty e Sartre

> *É próprio da interrogação filosófica voltar-se sobre si mesma, perguntar também o que é questionar e o que é responder. Essa pergunta, elevada à segunda potência, desde que feita, não poderia ser apagada. Nada mais poderá ser doravante como se nunca tivesse havido pergunta.* (Merleau-Ponty, 1992, p. 118)

> *A existência precede a essência.* (Sartre, 1978, p. 6)

A retomada das investigações de Husserl sobre a consciência, e a constituição dos objetos de conhecimento na filosofia de Maurice Merleau-Ponty (1908-1961), assumem uma dimensão existencial porque se desdobram numa investigação sobre a experiência dos sujeitos concretos no mundo. Vinculada a este projeto, a fenomenologia ganhou uma nova direção ao tentar descrever a experiência como ela se realiza. No livro *Fenomenologia da percepção* (1945), Merleau-Ponty aborda o problema da relação concreta do homem com o mundo sob um prisma novo.

Retomando o problema, apresentado por Husserl, das relações entre essência e experiência, interioridade e exterioridade, subjetividade e objetividade, que constituem o cerne da correlação entre filosofia e ciência, Merleau-Ponty escreveu inúmeros trabalhos visando a superação destes antagonismos. Sua abordagem critica a separação feita entre a tradição metafísica, que pensa a consciência fora do tempo, e as filosofias que consideram a dimensão temporal inserindo nos acontecimentos uma lógica e uma finalidade última cujo segredo nos escapa.

Em contraposição a essas alternativas, Merleau-Ponty afirma a importância da experiência particular e subjetiva para se alcançar a compreensão dos processos históricos em seu tempo. Um pensamento filosófico que descarta a história não consegue penetrar na verdade que ele busca, pois só atinge formas vazias. Neste sentido, Merleau-Ponty mantém uma afinidade com Walter Benjamin e Foucault. O primeiro fez filosofia pensando processos históricos de longa duração, como a modernidade, através da observação atenta do desaparecimento, por exemplo, da figura do narrador e do aparecimento do brinquedo industrial. Foucault, por sua vez, fez uma crítica da cultura em escritos histórico-filosóficos que se tornaram referência no século XX. É o que demonstram, por exemplo, *História da Loucura, As palavras e as coisas, Arqueologia do saber e História da Sexualidade*.

Atento à realidade histórica e às questões da existência, o pensamento de Merleau-Ponty se desenvolveu sob o impacto das obras de Hegel, Husserl e Heidegger, os "três H", como muitos historiadores da filosofia têm se referido, e também através da reflexão sobre o processo de criação do pintor Paul Cézanne (1839-1906). O projeto de Cézanne era construir uma imagem nova e concreta do mundo através da consciência, e não mais através da representação da realidade exterior. Sua grande ambição era estabelecer uma nova identidade entre o eu e o mundo. Em seu livro *Fenomenologia da percepção*, Merleau-Ponty toma como referência a ação viva para descrever a percepção e seu modo de estabelecer contato com o mundo. Trata-se de uma interpretação visceral da *intencionalidade*, que parte de Husserl para considerar a abertura do *eu* para o mundo e para as outras consciências.

Este aspecto, poderíamos dizer, mais "carnal" e menos intelectual da filosofia de Merleau-Ponty, sensível à temporalidade e às outras consciências, explica sua aproximação e interesse pelo marxismo. Lendo Marx a partir da fenomenologia, a violência da história se mostrou para ele entranhada na lógica do capital. Enfrentando a tarefa de superar os problemas sociais próprios às lutas de classes em sua época, Merleau-Ponty aprofunda, nos anos 1950, seu envolvimento político fundando com Sartre e Simone de Beauvoir a revista *Les Temps Modernes*, da qual saiu em 1955 por causa, principalmente, de suas discordâncias políticas com Sartre.

Na análise fenomenológica de Merleau-Ponty sobre a pintura de Cézanne, encontramos observações a respeito dos processos de criação do *visível* na arte que chamam a atenção para o modo como nossa percepção se relaciona com os fenômenos e com a realidade que nos cerca. No trecho do ensaio "A dúvida de Cézanne" que reproduzimos a seguir há observações que nos permitem fazer uma associação entre o processo de criação do pintor e a suspensão das nossas crenças na fenomenologia através da *epoché*:

> Vivemos em meio aos objetos construídos pelos homens, entre utensílios, casas, ruas, cidades e na maior parte do tempo só os vemos através das ações humanas de que podem ser os pontos de aplicações. Habituamo-nos a pensar que tudo isto existe necessariamente e é inabalável. A pintura de Cézanne suspende estes hábitos e revela o fundo de natureza inumana sobre o qual se instala o homem. Eis porque suas personagens são estranhas e como que vistas por um ser de outra espécie. A própria natureza está despojada dos atributos que a preparam para comunhões animistas: a paisagem aparece sem vento, a água do lago de Anecy sem movimento, os objetos transidos como na origem da terra. É um mundo sem familiaridade, onde não se está bem, que impede toda efusão humana. (Merleau-Ponty, 1992, p. 119)

As deformações de perspectiva que aparecem nos quadros de Cézanne são, segundo Merleau-Ponty, invisíveis por si mesmas porque na visão global do trabalho elas tornam visível uma nova ordem nascente. Neste caso, o rompimento com a perspectiva e com os cânones clássicos de representação equivalem ao rompimento com uma ordem "natural". Essa *desnaturalização* do olhar é acompanhada da simultaneidade entre o tornar invisível uma ordem e o tornar visível uma nova ordem, num movimento que transita entre o caos e a ordem, o que nos obriga a considerá-lo um empreendimento de alto risco.

A arte de Cézanne e a filosofia de Merleau-Ponty abriram caminhos para a pergunta: Como são construídas as imagens e pensamentos a respeito do mundo? *O que é o mundo?* Ainda que o artista e o filósofo saibam que não há uma resposta capaz de dar conta desta pergunta, eles não podem deixar de fazê-la. O mundo como *essência* é inacessível ao pensamento, talvez possamos dizer, estendendo conceitos de Merleau-Ponty, que a filosofia e a arte estão situadas acima dos fatos e abaixo das essências, mais precisamente *no interior da linguagem,* linguagem que pretende fazer falar as próprias coisas.

Refletindo sobre a relação do homem comum e do filósofo com o mundo, Merleau-Ponty admitiu:

> Vemos as coisas mesmas, o mundo é aquilo que vemos – fórmulas desse gênero exprimem uma fé comum ao homem natural e ao filósofo desde que abre os olhos, remetem para uma camada profunda de "opiniões" mudas, implícitas em nossa vida. Mas essa fé tem isto de estranho: se procurarmos articulá-la numa tese ou num enunciado, se perguntarmos o que é este *nós*, o que é este *ver* e o que é esta *coisa* ou este *mundo*, penetramos num labirinto de dificuldades e contradições.
> Santo Agostinho dizia do tempo, que este é perfeitamente familiar a cada um, mas que nenhum de nós o pode explicar aos outros. O mesmo é preciso que se diga do mundo. (...) Assim é, e nada se pode fazer em contrário. Ao mesmo tempo é verdade que o mundo é o que *vemos* e que, contudo, precisamos aprender a vê-lo. No sentido de que,

> em primeiro lugar, é mister nos igualarmos, pelo saber, a essa visão, tomar posse dela, dizer o que é o *nós* e o que é o *ver*, fazer, pois, como se nada soubéssemos, como se a esse respeito tivéssemos que aprender tudo. Mas a filosofia não é um léxico, não se interessa pelas "significações das palavras", não procura substituto verbal para o mundo que vemos, não o transforma em coisa dita, não se instala na ordem do dito ou do escrito, como o lógico no enunciado, o poeta na palavra ou o músico na música. São as próprias coisas, do fundo de seu silêncio, que [a filosofia] deseja conduzir à expressão. (Merleau-Ponty, 1992, p. 15)

A vida e a obra de Jean-Paul Sartre (1905-1980) imprimiram na filosofia contemporânea uma vitalidade muito peculiar. O interesse pelos problemas da vida cotidiana dos indivíduos, o engajamento político, o trânsito entre a literatura e a filosofia, a presença nos meios de comunicação, e até mesmo uma certa exposição da sua vida pessoal com a companheira Simone de Beauvoir, tornaram Sartre um dos filósofos mais marcantes e conhecidos do século XX. A sua postura foi fundamental para a divulgação de uma corrente de pensamento – o existencialismo – e o debate sobre questões filosóficas fora do círculo acadêmico e dos especialistas.

No contexto do pós-guerra, entre as décadas de 1950 e 1960, o existencialismo teve uma grande repercussão entre intelectuais e artistas, influenciando escritores, dramaturgos e cineastas. Em suas primeiras obras Sartre teve como referência teórica a fenomenologia e sua análise da consciência intencional. Textos literários como *A Náusea* (1938) e *Entre Quatro Paredes* (1945) reforçam a tese de que o existencialismo sartreano se expressa com mais força nas peças de teatro e romances do que na obra teórica. Até a publicação de *O Ser e o nada* (1943), cujo subtítulo, *Ensaio de ontologia fenomenológica*, mostra a matriz conceitual da obra, ainda não se pode falar de uma filosofia *existencial* em Sartre. É só a partir de *O Existencialismo é um humanismo* (1946) que começa a se afirmar uma nova maneira de entender a filosofia, em oposição a uma filosofia mais especulativa. A existência concreta dos indivíduos, a valorização de sua experiência, e de tudo o que diz respeito à construção de uma *essência* humana, constituirá, desde então, o centro da filosofia de Sartre.

O compromisso do intelectual com a vida dos indivíduos será uma exigência cada vez maior a partir desta época. A aproximação com o materialismo de Marx se consolida aos poucos através de obras como *Baudelaire* (1947), *Mãos Sujas* (1948) e *Saint Genet, comediante ou mártir?* (1952). Com a *Crítica da razão dialética* (1960) Sartre assume quase integralmente uma posição marxista, se afastando da fenomenologia. Mas não se pode considerar esta mudança como uma ruptura, uma vez que questões da fenomenologia ainda estão sendo tratadas pelo filósofo. A ligação entre existencialismo e marxismo é problematizada em *Questões de método* (1957). Do final da década de 1950 até o movimento estudantil de maio de 1968, Sartre adotará uma postura cada vez mais militante, participando de comícios, debates e manifestações. Sua influência começa a diminuir na década de 1970, no momento em que o debate sobre a história com os estruturalistas, em especial com Michel Foucault, se radicaliza.

O tema da liberdade é um dos mais importantes na filosofia de Sartre. A frase que veio a se tornar o lema do existencialismo – a existência precede a essência – não pode ser compreendida sem uma abordagem do problema da liberdade. Com esta afirmação Sartre quer mostrar o que distingue a existência do ser humano da existência dos seres naturais. A ausência de determinações de uma essência prévia no homem é a condição de sua própria liberdade. Se a essência não está dada, ela se define a partir das escolhas que cada um faz; é o processo vital e o fluxo da existência que *constrói* a essência. Há, portanto, uma dependência entre liberdade e responsabilidade que é central nesta abordagem. Todos os atos humanos, no sentido rigoroso da palavra, são atos livres, isto significa que quem os pratica é totalmente responsável por ele. A condição de humanidade, no sentido pleno, envolve a liberdade de escolher e de assumir a responsabilidade por esta escolha.

O reconhecimento da responsabilidade gera uma angústia; viver com esta angústia torna-se mais difícil, por isso muitas pessoas se deixam levar pelos acontecimentos. Mas deixar-se levar pelas circunstâncias também é, segundo Sartre, uma escolha, assim como submeter-se à autoridade de alguém. Não há argumentos capazes de eximir alguém das escolhas que ela faz. A angústia existe porque a responsabilidade dos atos de cada um é sempre individual e solitária. Mesmo quando conversamos com alguém sobre o melhor caminho a tomar quando estamos diante de uma situação difícil, em última instância, a decisão tomada é responsabilidade da própria pessoa.

Um aspecto que torna as decisões mais difíceis é que a escolha individual deve, segundo Sartre, considerar a repercussão do ato para toda a humanidade. A responsabilidade exige que o que eu escolho para mim seja considerado uma escolha legítima para qualquer outra pessoa. Se decido mentir e enganar alguém devo admitir que qualquer um tem o direito de mentir para mim e me enganar. Quando faço uma escolha para mim, estou também escolhendo para toda a humanidade. A liberdade, portanto, não é cada um fazer o que tem vontade sem pensar nos outros. Divergindo dos marxistas, Sartre considerava que uma dialética autêntica não pode subordinar a consciência subjetiva às determinações objetivas da história. Neste caso, estaríamos trabalhando com relações de causalidade próprias da filosofia analítica.

Enfatizando que a história é feita por pessoas de carne e osso e não por sujeitos abstratos, Sartre considera que, mesmo diante das circunstâncias históricas mais adversas, as pessoas fazem escolhas; daí a afirmação *estamos condenados à liberdade*. Na polêmica com os estruturalistas, numa de suas entrevistas, Sartre responde de forma direta às críticas feitas por Michel Foucault ao humanismo esclarecendo sua posição sobre o papel dos indivíduos na história:

> Enquanto interrogação sobre a práxis, a filosofia é ao mesmo tempo uma interrogação sobre o homem, quer dizer, sobre o sujeito totalizador da história. Pouco importa que

> esse sujeito esteja ou não descentrado. O essencial não é o que se fez do homem, mas *o que ele faz do que fizeram dele*. O que fizeram do homem são as estruturas, os conjuntos significantes que as ciências humanas estudam. O que ele faz é a própria história, a superação real dessas estruturas numa práxis totalizadora. A filosofia situa-se nesta charneira. A práxis é, no seu movimento, uma totalização completa, mas ela nunca atinge mais do que totalizações parciais, o que serão, por seu turno, ultrapassadas. O filósofo é o que tenta pensar esta superação. (Sartre, s.d., p. 136)

Um dos temas mais debatidos por Sartre e pelos filósofos existencialistas é a questão da liberdade. Analisando esta questão num trecho de *O Existencialismo é um humanismo,* Sartre parte do tema nietzcheano a morte de Deus, mas ele o retoma a partir do escritor russo Dostoiévski:

> Dostoiévski escreveu: *Se Deus não existisse tudo seria permitido*. Aí se situa o ponto de partida do existencialismo. Com efeito tudo é permitido se Deus não existe, fica o homem, por conseguinte, abandonado, já que não encontra em si, nem fora de si, uma possibilidade a que se apegue. Antes de mais nada, não há desculpas para ele. Se, com efeito, a existência precede a essência, não será nunca possível referir uma explicação a uma natureza humana dada e imutável; por outras palavras, não há determinismo, o homem é livre, o homem é liberdade. Se, por outro lado, Deus não existe, não encontramos diante de nós valores ou imposições que nos legitimem o comportamento. Assim, não temos nem atrás de nós, nem diante de nós, no domínio luminoso dos valores, justificações ou desculpas. Estamos sós e sem desculpas. É o que traduzirei dizendo que o homem está condenado a ser livre. Condenado porque não se criou a si próprio; e, no entanto, livre porque uma vez lançado ao mundo,

é responsável por tudo quanto fizer. O existencialista não crê na força da paixão. Não pensará nunca que uma bela paixão é uma torrente devastadora que conduz fatalmente o homem a certos atos e que, por conseguinte, tal paixão é uma desculpa. Pensa, sim, que o homem é responsável por essa sua paixão. O existencialista não pensará também que o homem pode encontrar auxílio num sinal dado sobre a terra, e que o há de orientar; porque pensa que o homem decifra ele mesmo esse sinal como lhe aprouver. Pensa, portanto, que o homem, sem qualquer apoio e sem qualquer auxílio, está condenado a cada instante a inventar o homem. (Sartre, 1978, p. 9)

Bibliografia específica

BORNHEIM, Gerd. *Sartre*. São Paulo: Perspectiva, 1971.

GILES, Thomas R. *História do Existencialismo e da Fenomenologia*. São Paulo: EPU, 1989.

MERLEAU-PONTY, Maurice. *O visível e o invisível*. São Paulo: Perspectiva, 1992.

SARTRE, Jean-Paul. *Sartre*. São Paulo: Abril Cultural, 1987 (Col. Os Pensadores).

Sugestões de leitura

DESCAMPS, Christian. *As ideias filosóficas contemporâneas na França (1960-1985)*. Rio de Janeiro: Zahar, 1991.

SARTRE, Jean-Paul. "O Existencialismo é um humanismo". *In*: *Sartre*. São Paulo: Abril Cultural, 1987 (Col. Os Pensadores).

Temas para debate:

1- Como Merleau-Ponty pensa o problema da experiência humana?
2- O sentido e as implicações da afirmação de Sartre: *A existência precede a essência.*
3- Como Sartre define seu humanismo e o papel dos indivíduos na história?

6

A Escola de Frankfurt

> *No sentido mais amplo do progresso do pensamento, o esclarecimento tem perseguido sempre o objetivo de livrar os homens do medo e de investi-los na posição de senhores Mas a terra totalmente esclarecida resplandece sob o signo de uma calamidade triunfal.* (Adorno e Horkheimer, 1985, p. 17)

O Instituto de Pesquisa Social, que ficou conhecido como "Escola de Frankfurt", foi criado em 1923 por um grupo de intelectuais alemães com a ajuda de Felix Weil e do seu pai, Hermann Weil, um importante exportador de trigo da Argentina. O primeiro diretor do Instituto foi o economista marxista austríaco Carl Grünberg (1861-1940), que ocupou formalmente esta função até 1930. A partir de 1931, quando Max Horkheimer passou a ocupar o cargo de diretor do Instituto, o principal meio de comunicação e de divulgação das pesquisas realizadas pelo Instituto passou a ser a *Revista para a Pesquisa Social*.

Com o aparecimento, em 1932, dos *Manuscritos Econômicos e Filosóficos* (1844) de Marx, a análise da transição Hegel-Marx adquiriu uma grande importância para os frankfurteanos, Horkheimer e Marcuse sobretudo. A afirmação de Marx, de que não se pode transcender a filosofia sem realizá-la, veio estimular uma reavaliação do papel da teoria na determinação da práxis. Os estudos do problema da alienação e da ideologia também foram reforçados com a descoberta e o acesso aos *Manuscritos* de Marx. É nesta época, 1932, que o estudo da psicanálise é introduzido no Instituto, se concentrando em torno do grupo formado por Leo Löwenthal, Pollock, Erich Fromm, Horkheimer, Adorno e Marcuse.

O fortalecimento do nazismo e a ascensão de Hitler ao poder, em 1933, dificultaram, mas não impediram, o trabalho do Instituto, que, surpreendentemente, conseguiu ter durante a década de 1930 uma produção de extraordinária vitalidade, considerada por muitos estudiosos desta corrente de pensamento o seu período mais fecundo. Walter Benjamim, admitido como membro permanente do Instituto em 1935, e Horkheimer, Adorno, Leo Löwental e Erich Fromm escreveram, nesta época, trabalhos fundamentais para a compreensão das origens da "servidão voluntária" em nossa sociedade e da degradação da teoria marxista em ideologia, que veio a ser a marca do marxismo na União Soviética. Há também estudos relevantes sobre o papel da família, a construção das subjetividades, a relação entre superestrutura e estrutura social, arte e indústria cultural. O próprio termo *indústria cultural* foi cunhado por Adorno e Horkheimer, em substituição à cultura de massa, que poderia dar a impressão de uma cultura produzida pelas massas.

Em 1931 os recursos do Instituto de Pesquisa Social foram transferidos para a Holanda, precaução que se mostraria acertada. Com o crescimento do fascismo e do nazismo na Europa, começam a ser feitos contatos com Universidades visando a transferência do próprio Instituto para a Inglaterra ou a França. Mas foi muito fria a resposta vinda do meio acadêmico destes países a respeito da possibilidade de acolher os intelectuais alemães. As instituições americanas foram mais receptivas, e através de contatos com figuras de projeção do meio acadêmico norte-americano o Instituto Internacional de Pesquisas Sociais pode se estabelecer em Nova York inicialmente, até conseguir, em 1936, ser incorporado à Divisão de Extensão da Universidade de Colúmbia.

A identidade da Escola de Frankfurt ficou melhor definida a partir da divulgação do ensaio de Horkheimer "Teoria Crítica e Tradicional", em 1937. A Teoria Crítica sempre se caracterizou por uma forma de expressão ensaística, em oposição aos grandes sistemas e às formas mais sistemáticas de fazer filosofia. Seu desenvolvimento como corrente de pensamento se deu através do diálogo com a tradição racionalista. Em *A Imaginação Dialética*, Martin Jay considera que um levantamento das origens da Teoria Crítica até suas fontes primeiras remete à fermentação intelectual da Alemanha na década de 1840 e ao papel desempenhado pelos hegelianos de esquerda no debate filosófico desta época. Porém, as mudanças históricas que orientaram os estudos e a intervenção dos hegelianos de esquerda e dos frankfurteanos produziram diferentes avaliações a respeito da possibilidade da ordem social ser transformada pela práxis humana.

No decorrer de sua história a Escola de Frankfurt defendeu a razão dos ataques dos irracionalistas, que identificavam razão com a lógica do poder dominante, e dos ataques dos positivistas, que identificavam razão com metafísica estéril. A crítica irracionalista à razão, que no século XIX teve um certo vigor, havia degenerado em posições obscurantistas e reacionárias no século XX. Por outro lado, o fetichismo dos fatos e a desarticulação entre fatos e valores própria aos positivistas era insustentável para os frankfurteanos. Diante desse quadro, os estudos marxistas foram ganhando cada vez mais importância, assim como foram se tornando mais insistentes as tentativas de integração entre razão e imaginação estética, integração que, apesar da fragilidade e incerteza, se apresentava como uma esperança.

No ensaio "Teoria Tradicional e Teoria Crítica", de 1937, Horkheimer considera que a característica central da teoria tradicional e sua grande aspiração é a formulação de princípios gerais com coerência interna. A Teoria Crítica sempre se recusou a separar pensamento e ação e a estabelecer uma hierarquia reconhecendo a superioridade da teoria em relação à crítica. Também considerava impossível uma pesquisa científica desinteressada numa sociedade onde as pessoas não têm verdadeira autonomia. Neste sentido, o ideal do intelectual acima das disputas e dos interesses de classe era visto por Horkheimer como uma ilusão.

Para entender os interesses em torno dos quais se desenvolveu o pensamento da Escola de Frankfurt, é necessário levar em conta os fatos e as turbulências políticas que constituem o seu contexto: as derrotas dos movimentos operários em toda a Europa após a Primeira Guerra Mundial, a degradação dos partidos de esquerda na Alemanha, a burocratização da Revolução Russa e a ascensão do nazismo e do fascismo. Esses acontecimentos, aliados às concepções deterministas que sustentavam que o socialismo era algo inevitável no curso da história, geraram uma perplexidade nos intelectuais mais críticos.

A crítica ao capitalismo e à burocracia soviética levou os pensadores da Escola de Frankfurt a buscarem um novo caminho para a transformação da sociedade dentro dos princípios da teoria marxista. A problemática discutida pelos frankfurteanos não era tratada pelos grupos e partidos marxistas ortodoxos. Sua ampliação da noção de crítica se desenvolveu voltada para a análise de todas as práticas sociais. Enquanto crítica da ideologia, a atenção dos frankfurteanos se voltou para os interesses, conflitos e contradições sociais e pela maneira como eles se expressavam no pensamento. Suas análises e compreensão das raízes da dominação visavam desconstruir as ideologias e contribuir para transformações no pensamento e na ação.

Os filósofos da Escola de Frankfurt retomaram, além do legado de Marx, a tradição filosófica do idealismo alemão. Seus trabalhos eram concebidos como produção teórica e intervenção política ao mesmo tempo. Horkheimer, Adorno, Marcuse e Habermas conservaram muitas das preocupações de Kant, Schiller e Hegel, mas reformulando o enquadramento das questões e inserindo essas preocupações numa estrutura de pensamento que coloca a história no centro da abordagem. Embora reconhecessem que o conhecimento é condicionado historicamente, os frankfurteanos sustentam a possibilidade de uma certa autonomia da crítica, isto é, eles consideram que afirmações sobre a realidade podem ser julgadas racionalmente, independentemente de seus interesses sociais. Eles também não viam sentido em se adotar o pertencimento a uma classe como critério para avaliar o compromisso do intelectual com a verdade. O envolvimento do pesquisador com o seu objeto obriga a manutenção do dualismo de fatos e valores, que as teorias tradicionais criticam. Os valores do pesquisador influenciam necessariamente sua pesquisa, conhecimento e interesse são inseparáveis. Por isso mesmo, os valores devem ser assumidos de forma consciente pelo pesquisador.

Na década de 1930 a avaliação de Horkheimer era que o proletariado estava se mostrando incapaz de cumprir seu papel histórico; neste caso, aceitar os desejos do proletariado era abdicar da verdadeira função como intelectual, quer dizer, deixar de pensar e atuar visando a superação da ordem vigente.

Os pensadores mais estudados pelos frankfurteanos foram Kant, Hegel, Marx, Weber, Lukács e Freud. Habermas incorporou também outras contribuições da ciência, como a epistemologia genética de Jean Piaget. Enquanto projeto teórico, a Escola de Frankfurt tinha como objetivo a construção de uma base de pesquisa interdisciplinar de questões relativas às condições que possibilitam a reprodução e, sobretudo, a transformação da sociedade.

A avaliação de que o marxismo havia se tornado pura ideologia em sua versão stalinista constitui uma premissa fundamental da Teoria Crítica. Havia também uma avaliação de que os conceitos marxistas, tomados de maneira muito rígida, não davam conta de explicar fenômenos como o stalinismo, o nazismo e o fascismo. A abertura em relação ao pensamento de teóricos não marxistas visava revigorar o marxismo e não enfraquecê-lo. Para entender o processo de expansão do Estado, o estreitamento da relação entre base e superestrutura, a função e o alcance da indústria cultural, era preciso integrar filosofia, sociologia, psicanálise, economia e história. Essa integração visava ampliar o alcance da crítica, o que contribuía para a própria transformação da noção do que é político.

Um aspecto que distingue o modo como os frankfurteanos interpretam o pensamento de Marx é o espaço que eles dedicam às questões da subjetividade humana. O ponto de vista tradicional do marxismo alemão e do marxismo em geral não via como igualmente importantes a análise das condições objetivas da ação e as maneiras como essas condições são interpretadas. A teoria crítica orientou-se para a análise da influência recíproca entre estrutura e superestrutura, e a conexão entre as dimensões objetiva e subjetiva.

Há diferenças significativas na maneira como os frankfurteanos formularam essas questões. Marcuse, por exemplo, insiste em se contrapor às visões que consideram a liberação pessoal uma simples decorrência das transformações das relações de produção e das forças produtivas; daí sua ênfase na autoemancipação e autocriação individual. Horkheimer e Adorno criticavam as organizações leninistas de vanguarda por reproduzirem uma divisão de trabalho que propicia a formação de lideranças autoritárias. De uma maneira geral, as análises da Escola de Frakfurt procuram destacar e combater os fundamentos sociais específicos que favorecem todo tipo de dominação.

Adorno valorizava muito a arte porque acreditava que ela preservava alguma autonomia em relação ao mundo dominado pelo puro pragmatismo. Através de sua *forma* ou de seu *estilo*, grandes artistas, da Idade Média, do Renascimento e da nossa época expressaram imagens de beleza de grande valor subversivo. Mas ele admitia também que no século XX a arte estava sendo minada pela indústria cultural. Esta visa apenas a criação de uma diversão voltada para a fuga temporária da monotonia da vida cotidiana. Por isso, a indústria cultural produz um caldo de cultura que consolida a ordem existente.

Os estudos sobre a cultura desenvolvidos pelos frankfurteanos chegaram a muitas conclusões interessantes. Constataram, por exemplo, que a importância da família está diminuindo no processo de socialização, porque, entre outros motivos, ela tem cada vez menos condições de oferecer proteção contra as pressões e a violência do mundo exterior. Como consequência, a autoridade dos pais vem enfraquecendo e levando as crianças a não terem mais os pais como modelos. Buscam nas imagens dos mitos da industria cultural seus valores e referências.

O livro *A Personalidade autoritária*, que reúne pesquisas de Adorno e outros pesquisadores próximos ao *Instituto*, revela a vulnerabilidade a que os indivíduos estão expostos por causa do processo de desestruturação da família. Os estudos explicam a relação existente entre a tendência à padronização promovida pela indústria cultural e a construção de certos traços de caráter potencialmente ou efetivamente fascistas, tais como o preconceito racial, a intolerância política e religiosa e a homofobia.

Jürgen Habermas (1929), que faz parte da segunda geração da Escola de Frankfurt, iniciou um envolvimento mais profundo com esta corrente na década de 1950, trabalhando como assistente de Theodor Adorno na Universidade de Frankfurt. A principal crítica de Habermas aos frankfurteanos refere-se ao desligamento feito por eles entre a esfera econômica (sistêmica) e o espaço social onde os indivíduos atuam, que ele chama de *mundo vital*. Em relação ao pensamento de Marx, Habermas admite que a importância que ele atribui à produção econômica no desenvolvimento histórico não corresponde ao seu real impacto. A *interação social* (relação entre os homens mediatizada pela linguagem) também tem um papel fundamental na história. No desenvolvimento das categorias *trabalho* e *interação* não existe uma correspondência necessária, mas uma autonomia relativa. Por isso mesmo, o progresso econômico e científico não assegura automaticamente uma vida melhor para as pessoas e maior liberação e participação política e cultural.

Habermas observa que o conceito de razão de Adorno e Horkheimer se funda na tradição filosófica que eles criticam. Este modelo de racionalidade, que foi se submetendo cada vez mais à dominação burocrática e aos interesses do Estado, não é o único modelo possível. Com base nesta análise, Habermas construiu uma proposta que pretende superar os problemas da razão instrumental e não apenas criticá-la. A *Teoria da ação comunicativa* visa precisamente este fim.

A razão comunicativa funciona de modo diferente da razão que se pretende substantiva porque tem um caráter processual e não é regulada e validada por um critério objetivo externo. Neste sentido, serão consideradas racionais as proposições capazes de atender às exigências argumentativas dos participantes inseridos no processo de comunicação. Esse modelo de racionalidade só se tornou possível após a separação efetuada na modernidade entre as esferas cognitiva, moral e estética, que estavam misturadas com a religião e dominadas por ela. As três críticas de Kant, a da Razão pura, da Razão prática e do Juízo de gosto, representam um marco no processo de diferenciação das três esferas da razão. A autonomia da ciência, da moral e da arte em relação à religião faz parte do processo de afirmação racional e intelectual dos sujeitos ocorrida na época moderna, que, apesar dos seus limites e contradições, foi, segundo Habermas, extremamente positiva.

Mas esta separação e autonomia foi se tornando problemática porque passou a existir uma dinâmica própria a cada um desses domínios e uma cegueira recíproca entre eles, que acaba destruindo o que existe de positivo na própria autonomia. Surge assim uma intensificação da racionalidade instrumental, que passa a minar o poder crítico e emancipador da razão. Esta intensificação se revela nas ações do Estado e de sua burocracia tentando regular e controlar as iniciativas dos sujeitos.

O pavor de Adorno de um mundo completamente administrado advém da compreensão desta dinâmica, que às vezes se mostra como sem saída e irreversível. Assim, a ciência aparece apenas como instrumento de dominação, a moral restrita à esfera privada e sem dimensão social, e a arte completamente isolada e esvaziada enquanto forma de expressão. No limite, as contradições sociais e o poder negativo da razão desaparecem de cena, ou ficam como coadjuvantes sem nenhuma importância na história.

Segundo a avaliação de Habermas, por mais que a razão instrumental e ações do Estado tentem aniquilar a racionalidade comunicativa, elas não conseguem atingir este fim porque para isso teriam que submeter à sua lógica todas as interações que ocorrem no mundo da vida. Isto não significa, entretanto, uma profissão de fé na razão, um voluntarismo fundado apenas no desejo de emancipação legado pelos ideais iluministas, e sim uma avaliação de que a razão comunicativa, apesar de oprimida, está viva e enraizada na sociedade.

As críticas dos irracionalistas à razão não dão conta do problema porque elas não consideram o solo social da razão. O remédio para curar a doença da razão estaria, segundo Habermas, na ampliação do próprio conceito de razão e não na supressão da razão. Só a razão pode curar suas próprias feridas, mas neste caso não se trata mais da mesma razão que oprime, a razão instrumental, e sim da que opera através da intersubjetividade.

A dimensão política da cultura foi exaustivamente analisada pelos frankfurteanos. Grande parte da energia intelectual deles estava voltada para compreender o desaparecimento da capacidade crítica *negativa* da ordem vigente. Isto resultou num certo distanciamento das análises econômicas, e, em consequência, dos marxistas que colocam a economia em primeiro plano em suas análises, dando aos outros aspectos da realidade uma importância bem menor. Analisando com profundidade a superestrutura social, os frankfurteanos chamaram a atenção para o caráter dialético dos fenômenos culturais e do movimento da história.

Bibliografia específica

HORKHEIMER, Max. *Teoria Crítica I*. São Paulo: Perspectiva/Editora da USP, 1990.

LAURENT-ASSOUN, Paul. *A Escola de Frankfurt*. São Paulo: Ática, 1991.

ROUANET, Sérgio Paulo. *Teoria Crítica e Psicanálise*. Rio de Janeiro: Tempo Brasileiro, 1989.

ROUANET, Sergio Paulo. *As Razões do Iluminismo*. São Paulo: Companhia das Letras, 1987.

Sugestões de leitura

JAY, Martin. *A Imaginação Dialética*. História da Escola de Frankfurt e do Instituto de Pesquisas Sociais 1923-1950. Rio de Janeiro: Contraponto, 2008.

MATOS, Olgária C. F. *A Escola de Frankfurt*. Luzes e sombras do Iluminismo. São Paulo: Moderna, 1993 (Col. Logos).

Temas para debate:

1- Como a *Razão Crítica* dos filósofos frakfurteanos se distingue do modelo de razão da tradição filosófica?

2- Os temas abordados pelos frankfurteanos e a renovação da teoria marxista.

3- A relevância da crítica de Jürgen Habermas a Adorno e Horkheimer.

7
Walter Benjamin e a tempestade do progresso

> *A tradição dos oprimidos nos ensina que o "estado de exceção" em que vivemos é na verdade a regra geral. Precisamos construir um conceito de história que corresponda a essa verdade.* (Walter Benjamin, 1994, p. 226)

Walter Benjamin (1892-1940) foi um dos pensadores mais influentes da Escola de Frankfurt. Crítico de arte, tradutor da obra do poeta Charles Baudelaire e do escritor Marcel Proust, estudioso da teologia judaica, leitor atento dos românticos alemães, e também de Marx, Freud e Lukács, Benjamin produziu uma vasta obra onde se destacam teses de grande alcance teórico e originalidade sobre a experiência humana, a história e a linguagem.

A partir da década de 1970, depois das mobilizações estudantis de 1968, a penetração do seu pensamento no mundo universitário, inclusive no Brasil, aumentou consideravelmente. Nos congressos internacionais de filosofia, o destaque dado aos estudos de Benjamin parece ter colocado um ponto final nas dúvidas sobre o caráter filosófico de sua obra. Mas a inserção de Benjamin nem sempre acontece sem prejuízo ou recalque de uma de suas fontes. Quando a heterogeneidade dessas fontes – a mística judaica, o romantismo alemão, o marxismo, a psicanálise – não é preservada, a riqueza teórica da obra fica comprometida.

O interesse de Benjamin pelas questões mais gerais da linguagem e da comunicação humana está intimamente ligado ao problema da *experiência*, ainda que isto nem sempre apareça de forma muito direta em seus escritos. Benjamin faz uma relação interessante entre experiência, língua e essência espiritual humana. A essência espiritual, tanto do homem como das coisas, isto é, a essência espiritual em geral, é definida como linguística. A linguagem das coisas é imperfeita, pois a ela foi negado o puro princípio formal linguístico: o som. Em sua linguagem muda, a natureza se comunica segundo as possibilidades de uma magia da matéria. O incomparável da linguagem humana, em relação à linguagem das coisas, é que sua magia é imaterial e puramente espiritual. A fala humana não é a tradução da língua das coisas para a língua dos homens, não é apenas tradução do mudo ao sonoro, é a tradução daquilo que não tem nome ao nome.

Benjamin valorizava as linguagens da arte, da literatura, da poesia e da filosofia pelo fato de elas não se submeterem aos interesses imediatos da comunicação, nem visarem exclusivamente a transmissão de informações. Seus estudos críticos das obras de Baudelaire, Proust e Kafka, por exemplo, mostram a expressividade da linguagem de cada um, e a luta travada por eles a fim de libertar as palavras do desgaste provocado pelo utilitarismo da linguagem, que domina a sociabilidade das conversas cotidianas.

Entre as condições históricas identificadas por Benjamin como promotoras do empobrecimento da experiência humana na modernidade se destacam:

a) A fragmentação cultural e o aumento da divisão técnica e social do trabalho;

b) O descompasso entre a velocidade das mudanças na sociedade e a capacidade humana de assimilação dessas mudanças;

c) O individualismo e o atrofiamento dos espaços sociais onde se conjugam a dimensão particular e a dimensão coletiva da experiência humana;

d) A mercantilização e a aceleração do tempo.

As condições de sobrevivência no capitalismo moderno e contemporâneo vêm produzindo nos indivíduos uma atrofia da experiência pelo *choque* resultante do impacto das mudanças sobre as consciências. As mudanças produzidas na sensibilidade humana pelo bombardeio de informações dos meios de comunicação de massa eram um assunto considerado dos mais importantes para Benjamin e demais integrantes da Escola de Frankfurt. Observando a influência crescente desses meios na formação das crianças, da juventude e das classes trabalhadoras, sobretudo no período de ascensão do nazismo, Benjamin passou a se envolver cada vez mais com atividades no jornal e no rádio, coisa que não era muito comum nos filósofos de sua época. Sua parceria com Bertold Brecht resultou numa das contribuições mais originais de utilização inteligente do rádio, de março de 1927, quando realizou seu primeiro programa, até 1932.

No texto "Experiência e Pobreza", escrito em 1933, Benjamin (1994, p. 114) introduz a reflexão sobre a questão da experiência através de uma parábola que expõe o alcance e o significado do problema.

> Em nossos livros de leitura havia a parábola de um velho que no momento da morte revela a seus filhos a existência de um tesouro enterrado em seus vinhedos. Os filhos cavam, mas não descobrem qualquer vestígio do tesouro. Com a chegada do outono, as vinhas produzem mais que qualquer outra na região. Só então compreenderam que o pai lhes havia transmitido uma certa experiência: a felicidade não está no ouro, mas no trabalho. Tais experiências nos foram transmitidas, de modo benevolente ou ameaçador, à medida que crescíamos: "Ele é muito jovem, em breve poderá compreender". Ou: "Um dia ainda compreenderá". Sabia-se exatamente o significado da experiência: ela sempre fora comunicada aos jovens. De forma concisa, com autoridade da velhice em provérbios; de forma prolixa, com a sua loquacidade, em histórias; muitas vezes como narrativas de países longínquos, diante da lareira, contadas a pais e netos. Que foi feito de tudo isso?

> Quem encontra ainda pessoas que saibam contar histórias como elas devem ser contadas? Que moribundos dizem hoje palavras tão duráveis que possam ser transmitidas como um anel, de geração em geração? Quem é ajudado, hoje, por um provérbio oportuno? Quem tentará, sequer, lidar com a juventude invocando sua experiência?

Benjamin não pensava o curso da história como um movimento linear, mas como um percurso atravessado por rupturas, como *catástrofe*. A suposição de que a história humana sempre caminha para melhor, que o presente é sempre superior ao passado, é uma ilusão. A história também pode ser retrocesso e barbárie. Na tese IX do texto "Sobre o conceito de história" Benjamin expõe sua visão da história através de uma alegoria construída a partir da figura do anjo da aquarela *Angelus Novus*, de Paul Klee. Ele descreve o anjo de maneira trágica:

> Seus olhos estão arregalados, sua boca está aberta e suas asas estão estiradas. O anjo da história tem de parecer assim. Ele tem seu rosto voltado para o passado. Onde uma cadeia de eventos aparece diante de nós, ele enxerga uma única catástrofe, que sem cessar amontoa escombros sobre escombros e os arremessa a seus pés. Ele bem que gostaria de demorar-se, de despertar os mortos e juntar os destroços. Mas do paraíso sopra uma tempestade que se emaranhou em suas asas e é tão forte que o anjo não pode mais fechá-las. Essa tempestade o impele irresistivelmente para o futuro, para o qual dá as costas, enquanto o amontoado de escombros diante dele cresce até o céu. O que nós chamamos progresso é essa tempestade. (Benjamin *apud* Löwy, 2005, p. 87)

Os escombros são o resultado da violência, das lutas, guerras e massacres que perpassam a história. A própria mercantilização da sociedade é uma forma de violência, pois assim o valor de todas as coisas fica reduzido ao seu preço. Todos os produtos da cultura, dos mais simples aos mais sofisticados, são encobertos pelo seu *valor de troca*. Isto quer dizer que o valor das coisas não é reconhecido pela importância que elas têm na vida das pessoas, pelo seu *valor de uso*, mas por sua cotação no mercado. Tal inversão, e o ocultamento do valor intrínseco das coisas, transformou os objetos de consumo em objetos de culto. Esta mudança conduz ao que Benjamin chama de *mitologia* da modernidade, e ao caráter regressivo de nossa época. Ocultando a exploração do trabalho, o universo das mercadorias surge como algo mágico, gerado por forças desconhecidas ou sobrenaturais. A redução de tudo à mercadoria, inclusive o próprio homem, e das mercadorias a uma medida de valor, que é regulada pelo mercado, instaura a lei do mito e, em consequência, a transformação do *histórico* em *natural*. A compreensão deste fenômeno levou Brecht a dizer que: "os homens de hoje estão, perante as suas próprias realizações, exatamente como outrora, perante as imprevisíveis catástrofes da natureza" (Brecht, 1978, p. 107).

Num mundo dominado por esta lógica, a dificuldade da razão construir grandes sistemas filosóficos, apreendendo a realidade em sua complexidade, totalidade e verdade, tornou-se ainda maior, e o resultado cada vez mais sujeito a distorções. Este reconhecimento não levou Benjamin a desistir da filosofia, mas a fazer filosofia de uma maneira completamente diferente da maneira como ela era feita anteriormente. Seu interesse por assuntos e objetos que nunca haviam despertado o interesse dos filósofos impediu, a princípio, o reconhecimento dos seus escritos como *filosofia*. Um filósofo interessado em assuntos como brinquedos, livros infantis, moda, fotografia, cinema, não era nada comum. Mas foi exatamente por isso, pelo interesse em aspectos desvalorizados pela filosofia e pela cultura oficial, e pela aproximação com artistas de vanguarda, como os surrealistas e Brecht, que Benjamin conseguiu dar uma vitalidade extraordinária à filosofia do século XX.

A compreensão de que valores da sociedade burguesa conduzem ao empobrecimento da experiência humana levou Benjamin a buscar na tradição religiosa judaica, em alguns pensadores românticos, no marxismo e na psicanálise, elementos para fundamentar uma crítica radical da cultura. Nos seus ensaios o modo de pensar memória e esquecimento tem um destaque especial. Na história oficial o esquecimento, sempre seletivo, costuma encobrir os acontecimentos traumáticos, como a barbárie que sustenta os monumentos da cultura. Em seu último escrito, "Sobre o Conceito de História", Benjamin se refere a esses monumentos, na tese VII, revelando que todos eles devem sua existência "não somente ao esforço dos grandes gênios, seus criadores, mas, também, à corveia sem nome de seus contemporâneos. Nunca há um documento da cultura que não seja, ao mesmo tempo, um documento da barbárie" (Benjamin, *apud* Löwy, 2005, p. 70). O problema da contradição cultura/barbárie era, para Benjamin, o principal desafio a ser superado no século XX.

No texto "A Caminho do Planetário", que faz parte do livro *Rua de Mão Única*, escrito sob a influência das vanguardas dadaísta e surrealista, Benjamin expõe sua crítica à cultura moderna e ao desejo de dominação da ciência que alimenta a ideia de progresso.

> Nada distingue tanto o homem antigo do moderno quanto sua entrega a uma experiência cósmica que este último mal conhece. O naufrágio dela anuncia-se já no florescimento da astronomia, no começo da Idade Moderna. Kepler, Copérnico, Tycho Brahe certamente não eram movidos unicamente por impulsos científicos. Mas, no entanto *(sic)*, há no acentuar exclusivo de uma vinculação ótica com o universo, ao qual a astronomia muito em breve conduziu, um signo precursor daquilo que tinha de vir. O trato antigo com o cosmos cumpria-se de outro modo: na embriaguez. É embriaguez, decerto, a experiência na qual nos asseguramos unicamente do mais próximo e do mais distante, e nunca de um sem o outro. Isso quer dizer, porém, que somente na comunidade o homem pode comunicar em embriaguez com o cosmos. É o ameaçador descaminho dos modernos considerar essa

experiência como irrelevante, como descartável, e deixá-la por conta do indivíduo como devaneio místico em belas noites estreladas. Não, ela chega sempre e sempre de novo a seu termo de vencimento, e então povos e gerações lhe escapam tão pouco como se patenteou da maneira mais terrível na última guerra, que foi um ensaio de novos, inauditos esponsais com as potências cósmicas. Massas humanas, gases, forças elétricas foram lançadas ao campo aberto, correntes de alta frequência atravessaram a paisagem, novos astros ergueram-se no céu, espaço aéreo e profundezas marítimas ferveram de propulsores, e por toda parte cavaram-se poços sacrificiais da Mãe Terra. Essa grande corte feita ao cosmos cumpriu-se pela primeira vez em escala planetária, ou seja, no espírito da técnica. Mas, porque a avidez de lucro da classe dominante pensava resgatar nela sua vontade, a técnica traiu a humanidade e transformou o leito de núpcias em um mar de sangue. Dominação da Natureza, assim ensinam os imperialistas, é o sentido da técnica. Quem, porém, confiaria em um mestre escola que declarasse a dominação das crianças pelos adultos como o sentido da educação? Não é a educação, antes de tudo, a indispensável ordenação da relação entre as gerações e, portanto, se se quer falar de dominação, a dominação entre gerações, e não das crianças? E assim também a técnica não é dominação da natureza: é dominação da relação entre Natureza e humanidade. (Benjamin, 1995, p. 68)

Bibliografia específica

BENJAMIN, W. *Magia e técnica, arte e política: ensaios sobre literatura e história da cultura*/Walter Benjamin. São Paulo: Brasiliense, 1994 (Obras Escolhidas I).

BENJAMIN, W. *Rua de Mão Única*. São Paulo: Brasiliense, 1995.

BENJAMIN, W. *Walter Benjamin. Sociologia*. São Paulo: Ática, 1991.

D'ANGELO, Martha. *Arte, política e educação em Walter Benjamin*. São Paulo: Loyola, 2006.

Sugestões de leitura

BENJAMIN, Walter. "O Narrador". *In* BENJAMIN, W. *Magia e técnica, arte e política: ensaios sobre literatura e história da cultura*/Walter Benjamin. São Paulo: Brasiliense, 1994 (Obras Escolhidas I).

GAGNEBIN, Jeanne-Marie. *Os Cacos da história*. São Paulo: Brasiliense, 1982.

Temas para debate:

1- A reflexão sobre a linguagem como fundamento da filosofia de Benjamin.
2- O empobrecimento da experiência humana na sociedade atual.
3- Por que a filosofia de Benjamin rejeita a tese da história humana como progresso?

8

Adorno e Horkheimer: Mito e esclarecimento na história da cultura

A diversão é o prolongamento do trabalho sob o capitalismo tardio. Ela é procurada por quem quer escapar ao processo de trabalho mecanizado, para se por de novo em condições de enfrentá-lo. (Adorno e Horkheimer, 1985, p. 113)

As grandes obras filosóficas e também literárias têm sempre uma característica aparentemente contraditória: estão pronfundamente ligadas às questões de sua época, e, ao mesmo tempo, se distanciam delas, tornando-se fonte de ensinamentos em todas as épocas. Podemos citar como exemplos a crise da democracia grega e a resposta de Platão aos problemas políticos de sua época no livro *A República*, a necessidade de um novo paradigma para o conhecimento na época moderna e o *Discurso do Método*, de Descartes, as demandas sociais geradas com a barbárie capitalista e o *Programa do Manifesto Comunista*, de Marx e Engels. No auge da barbárie nazista também surgiu um dos mais contundentes textos filosóficos de nossa época. Escrito por Adorno em parceria com Max Horkheimer durante o exílio nos Estados Unidos, a *Dialética do Esclarecimento* é um dos mais importantes livros do século XX.

A questão dos autores nesta obra é responder por que o programa do *esclarecimento* de livrar os homens do medo e emancipá-los através da dissolução dos mitos resultou numa regressão e na barbárie de nossa época. Na busca da raiz do problema da regressão, os autores retomam o conceito weberiano de "desencantamento do mundo", revelando nele um duplo sentido. Positivamente, "desencantar" significa quebrar um encanto, superar a ingenuidade em relação ao mundo, promover a emancipação, como propunham no século XVIII os "iluministas". Negativamente, "desencantamento" tem o sentido de *perda* de encanto. Reunindo esses dois aspectos ao mesmo tempo, a época moderna foi substituindo a forma de dominação da natureza própria à magia, que existia na cultura, por uma outra forma de dominação, a científica. Este processo histórico resultou na construção da *Razão* ocidental.

A construção do sujeito moderno e de um novo paradigma científico a partir de Bacon e Descartes produziram uma mudança radical na relação homem/natureza. A laicização da sociedade e a crescente dominação do homem sobre o mundo físico fortaleceram uma racionalidade centrada nos princípios de autoconservação do sujeito e de sujeição de todas as relações a relações de poder. Este processo não conduziu à superação do mito, mas ao entrelaçamento entre mito e razão. Com a transformação da natureza em objeto de exploração, o humano ficou reduzido à condição de "coisa"; o domínio sobre a natureza resultou na correlação entre subjetivação e reificação.

Adorno e Horkheimer consideram, na *Dialética*, que o *esclarecimento*, isto é, o desenvolvimento da racionalidade técnica e instrumental se transformou na sementeira da barbárie contemporânea. A forma de dominação da natureza própria à cultura moderna, regida por uma ciência obcecada com a autoconservação da cultura burguesa, excluiu a arte e a filosofia da esfera do conhecimento. A ciência, reduzindo a razão a um uso instrumental, promoveu um afastamento cada vez maior do homem em relação à natureza. Essa distância, que passou a ser vista como "objetividade", serviu de paradigma para todas as ciências.

A dialética da história da cultura foi resumida através de duas teses complementares: *o mito já é esclarecimento e o esclarecimento acaba por reverter à mitologia*. Acompanhando este processo, a história humana se mostra também atravessada por uma outra contradição: a progressiva afirmação do homem como sujeito e ao mesmo tempo sua transformação em objeto. Mas o poder do homem sobre a natureza tem se tornado cada vez mais ameaçador para sua própria integridade.

No pensamento de Adorno e Horkheimer, a crítica da cultura, a crítica do conhecimento e a crítica social estão interligadas. Essas críticas convergem na análise da indústria cultural. O isolamento da arte e o crescimento desta indústria na sociedade burguesa não teria sido possível sem o triunfo de uma racionalidade que opera sem levar em conta a sociedade como um todo, uma racionalidade instrumental, que não articula fins e valores. O ensaio "A indústria cultural: o esclarecimento como mistificação das massas", escrito na primeira metade da década de 1940 e publicado pela primeira vez em 1947, no livro *Dialética do Esclarecimento*, analisa os processos de racionalização, controle e mercantilização da cultura e o fenômeno da padronização dos bens culturais em nossa sociedade. No século XX, os processos que regulam a vida cotidiana das pessoas tornaram-se cada vez mais complexos e mais difíceis de serem compreendidos, favorecendo assim o crescimento da indústria cultural.

A forma de dominação da natureza própria à cultura moderna, regida por uma ciência obcecada com a autoconservação do sistema, excluiu a arte e a filososfia da esfera do conhecimento. Comentando esta situação, Horkheimer escreveu:

> Na crise econômica geral, a ciência aparece como um dos múltiplos elementos da riqueza social que não cumprem seu destino. Hoje ele ultrapassa de longe o nível de bens de épocas anteriores. Há sobre a terra mais matérias-primas, mais máquinas, maior força de trabalho adestrada e melhores métodos de produção do que antes, mas não beneficia correspondentemente aos homens. A sociedade, na sua forma hodierna, mostra-se incapaz de fazer uso real das forças que se desenvolveram dentro dela, e da riqueza produzida no seu âmbito. (...)
> É proprio da mistificação das causas da crise contemporânea responsabilizar por ela justamente aquelas forças

> que lutam por uma melhor estruturação das condições humanas, sobretudo o próprio pensamento racional e científico. Tenta-se renunciar a seu fomento e cultivo no indivíduo em favor da formação do "psíquico", e desacreditar como instância decisiva a razão crítica, na medida em que não é necessária profissionalmente à indústria. Mediante a teoria de que a razão é apenas um instrumento útil para os fins da vida diária, que deve emudecer, entretanto, frente aos grandes problemas e ceder lugar às forças mais substanciais da alma, estamo-nos desviando de uma preocupação teórica com a sociedade como um todo. (Horkheimer, 1990, p. 8)

A indústria cultural veio ocupar o vazio deixado pelo declínio da arte. Através da *diversão* ela cria formas de evasão da rotina do trabalho. Mas essa fuga acaba gerando uma compulsão: os consumidores nunca se satisfazem pois aquilo que continuamente lhes é prometido nunca é alcançado. A promessa de felicidade, da indústria cultural, que nunca se cumpre, cinde a vida em duas esferas: a do trabalho e a do "tempo livre", que na verdade fica acorrentado ao seu oposto. Este círculo vicioso está dominado, segundo Adorno, pela seguinte lógica: por um lado, o tempo livre é necessário para que depois se possa trabalhar melhor; assim, ele não deve lembrar em nada o trabalho. "Esta é a razão da imbecilidade de muitas ocupações do tempo livre. Por baixo do pano, porém, são introduzidas, de contrabando, formas de comportamento próprias do trabalho, o qual não dá folga às pessoas" (Adorno, 2002, p. 116).

Transformado em mero apêndice do trabalho, o tempo livre é administrado pela indústria cultural, que nivela os indivíduos criando neles uma falsa identidade e a ilusão de pertencimento a uma comunidade. Integrados através dos bens de consumo, a pseudo-individuação do consumidor se realiza sob a ameaça, nem sempre muito velada, de isolamento social. Esta situação representa uma ameaça constante à preservação dos valores humanos fundamentais. No texto "Educação após

Auschwitz", Adorno apresenta algumas hipóteses sobre as circunstâncias que levam a sociedade à barbárie e destaca a importância da educação na construção de novos valores:

> A exigência que Auschwitz não se repita é a primeira de todas para a educação. De tal modo ela precede quaisquer outras que creio não ser possível nem necessário justificá-la. (...) Se as pessoas não fossem profundamente indiferentes em relação ao que acontece com todas as outras, excetuando o punhado com quem mantêm vínculos estreitos e possivelmente por intermédio de alguns interesses concretos, então Auschwitz não teria sido possível, as pessoas não o teriam aceito. Em sua configuração atual – e provavelmente há milênios – a sociedade não repousa em atração, em simpatia, como se supôs ideologicamente desde Aristóteles, mas na persecução dos próprios interesses frente aos interesses dos demais. Isto se sedimentou do modo mais profundo no caráter das pessoas. (...) Hoje em dia qualquer pessoa, sem exceção, se sente mal-amada, porque cada um é deficiente na capacidade de amar. A incapacidade para a identificação foi sem dúvida a condição psicológica mais importante para tornar possível algo como Auschwitz em meio a pessoas mais ou menos civilizadas e inofensivas. O que se chama "participação oportunista" era antes de mais nada interesse prático: perceber antes de tudo a sua própria vantagem e não dar com a língua nos dentes para não se prejudicar. Esta é uma lei geral do existente. O silêncio sob o terror era apenas consequência disto. A frieza da mônada social, do concorrente isolado, constituía, enquanto indiferença frente ao destino do outro, o pressuposto para que apenas alguns raros se mobilizassem. Os algozes sabem disto; e repetidamente precisam se assegurar disto.

Não me entendam mal, não quero pregar o amor. Penso que sua pregação é vã: ninguém teria inclusive o direito de pregá-lo, porque a deficiência de amor, repito, é uma deficiência de *todas* as pessoas, nos termos em que existem hoje. Pregar o amor pressupõe naqueles a quem nos dirigimos uma outra estrutura do caráter, diferente da que pretendemos transformar. Pois as pessoas que devemos amar são elas próprias incapazes de amar e por isto nem são tão amáveis assim. Um dos grandes impulsos do cristianismo, a não ser confundido com o dogma, foi apagar a frieza que tudo penetra. Mas esta tentativa fracassou; possivelmente porque não mexeu com a ordem social que produz e reproduz a frieza. Provavelmente até hoje nunca existiu aquele calor humano que todos almejamos, a não ser durante períodos breves e em grupos bastante restritos, e talvez entre alguns selvagens pacíficos. Os utópicos frequentemente ridicularizados perceberam isto. Charles Fourier, por exemplo, definiu a atração como algo ainda por ser constituído por uma ordem social digna de um ponto de vista humano. Também reconheceu que esta situação só seria possível quando os instintos não fossem mais reprimidos, mas satisfeitos e liberados. Se existe algo que pode ajudar contra a frieza como condição da desgraça, então trata-se do conhecimento dos próprios pressupostos desta, bem como da tentativa de trabalhar previamente no plano individual contra esses pressupostos. (...) O incentivo ao amor – provavelmente na forma mais imperativa, de um dever – constitui ele próprio parte de uma ideologia que perpetua a frieza. Ele combina com o que é impositivo, opressor, que atua contrariamente à capacidade de amar. Por isto o primeiro passo seria ajudar a frieza a adquirir consciência de si própria, das razões pelas quais foi gerada. (Adorno, 1995, p. 119/134)

Bibliografia específica

ADORNO, Theodor e HORKHEIMER, Max. *Dialética do Esclarecimento*: fragmentos filosóficos. Rio de Janeiro: Jorge Zahar, 1985.

ADORNO, Theodor. *Minima Moralia* Reflexões a partir da vida danificada. São Paulo: Ática, 1993.

ADORNO, Theodor. *Educação e Emancipação*. Rio de Janeiro: Paz e Terra, 1995.

DUARTE, Rodrigo. *Adornos*: nove ensaios sobre o filósofo frankfurteano. Belo Horizonte: Editora da UFMG, 1997.

Sugestões de leitura

ADORNO, Theodor. *Indústria cultural e sociedade*. São Paulo: Paz e Terra, 2002 (Col. Leitura; 51).

MARTIN-JAY. *As ideias de Adorno*. São Paulo: Cultrix/EdUSP, 1988.

Temas para debate:

1- As mudanças científicas e culturais do século XX na perspectiva de Adorno e Horkheimer.
2- Em que medida a subordinação do tempo livre à indústria cultural afeta a autonomia das pessoas?
3- De acordo com a perspectiva de Adorno, que condições propiciam a barbárie e sua difusão na sociedade?

9

Marcuse e o direito humano à felicidade

> *A civilização ocidental sempre glorificou o herói, o sacrifício da vida pela cidade, o Estado, a nação; raramente indagou se a cidade estabelecida, o Estado ou a nação eram dignos do sacrifício.(...) Poderemos falar de uma junção das dimensões erótica e política?* (Marcuse, 1969, p. 19 e 20)

O filósofo Herbert Marcuse nasceu em Berlim em 1898. Desde a juventude ele manifestou grande interesse pelas questões humanas e sociais, como revela sua participação, em 1918, no movimento revolucionário spartakista. Após iniciar sua vida acadêmica, o primeiro trabalho filosófico publicado por Marcuse foi um levantamento bibliográfico sobre Friedrich Schiller (1795-1805), filósofo alemão que teve uma grande influência em sua obra. A tese de doutorado de Marcuse, orientada por Martin Heidegger, foi sobre Hegel, que também teve uma importância enorme em sua forrmação. Sua tese foi publicada em 1932, pouco antes do início do seu exílio político nos Estados Unidos, onde ele se fixou definitivamente depois da Segunda Guerra Mundial e construiu uma importante carreira acadêmica.

Nos idos de 1968 Marcuse era considerado pelos estudantes mais politizados, artistas e contestadores em geral um dos intelectuais mais lúcidos e críticos. Naquela época, sua avaliação sobre os sindicatos e os partidos tradicionais de esquerda era que eles tinham perdido a vitalidade política necessária para enfrentar os grandes desafios postos pela ordem capitalista vigente. Sessenta anos depois da primeira publicação de *Eros e Civilização*, pode-se perceber a atualidade das análises de Marcuse sobre os vícios da política institucional, e o alcance da sua crítica ao fechamento do universo político, em *A Ideologia da sociedade Industrial*, para a realização do compromisso histórico da filosofia com o direito humano a uma vida justa e feliz. A descrença nesta possibilidade aumentou na mesma proporção em que um pragmatismo e um materialismo vulgar se naturalizaram nos últimos anos.

Como filósofo, Marcuse construiu seu pensamento articulando a ideia de negatividade, que ele considerava o núcleo da filosofia de Hegel, à crítica de Marx à estrutura da sociedade capitalista, e à psicanálise de Freud. A partir dessas fontes, Marcuse procura demonstrar a possibilidade do homem ser feliz, isto é, a possibilidade de superação do "princípio de realidade", que estabelece uma oposição entre o homem e a sociedade. Os estudos iniciados durante a Segunda Guerra Mundial levaram Marcuse a se distanciar da assistematicidade que orientava os trabalhos de Horkheimer e Adorno. Daí surge um livro fundamental não só para o desenvolvimento da filosofia do próprio Marcuse, como também para os seus leitores, sobretudo porque este livro apresenta de maneira muito clara a filosofia de Hegel, um dos filósofos mais difíceis de toda a história da filosofia.

O livro *Razão e revolução* revela, sem dúvida, o empenho de Marcuse em tornar as ideias de Hegel compreensíveis para o público acadêmico americano, refratário às abstrações do idealismo alemão, mas revela, sobretudo, seu esforço para recuperar a dimensão crítica do pensamento humano que parecia estar se extinguindo durante aqueles anos de completa barbárie na Europa. No prefácio à edição publicada em 1960 Marcuse revela esta intenção ao reconhecer que o livro foi escrito na esperança de fazer uma contribuição à revivescência não de Hegel, mas de uma capacidade intelectual que estava correndo o risco de ser obliterada: o poder do pensamento negativo.

Em seu livro que teve maior impacto, *Eros e Civilização* (1956), Marcuse diz no prefácio que se tratava de um ensaio caracterizado pela ruptura das fronteiras tradicionais entre a psicologia, a política e a filosofia. A transformação dos problemas psicológicos em problemas políticos seria resultante do processo de absorção dos indivíduos pelo Estado. Dez anos depois, no "Prefácio Político" de 1966, o autor vincula a tese de *Eros e Civilização* às análises de *O Homem Unidimensional*. Marcuse reconhece, então, como uma perda irreparável da cultura a desvalorização da vida como um fim em si mesmo. O desafio a ser enfrentado para a recuperação deste valor envolveria a reconstrução de todo o sistema produtivo, incluindo aí o fim da produção dos meios de destruição dos indivíduos, o fim da produção do supérfluo e do obsoletismo planejado. A destruição da máquina política de dominação, da lógica do mercado e de toda a produção material e simbólica a ela subordinada, não implicaria/visaria um desenvolvimento mais amplo das forças produtivas, tal como ocorreu em revoluções anteriores, e sim a eliminação do superdesenvolvimento e sua racionalidade repressiva.

Esta tese de Marcuse reafirma elementos da crítica de Walter Benjamin à modernidade e sua concepção de revolução expressa na imagem da mão que puxa o freio da locomotiva da história guiada pela ideia de progresso. Não se trata, neste caso, de um revisionismo que reforça a ideia de que através do "jogo democrático" do sistema seja possível a realização de uma mudança estrutural na sociedade, pois as transformações promovidas no Estado apenas permitem que ele renove seu poder.

Em *Eros e Civilização* a dimensão estética tem uma importância central dada a incompatibilidade entre esta dimensão e o princípio de realidade. Tendo a imaginação como faculdade constitutiva, o reino da estética conservou a sua liberdade face ao princípio de realidade, mantendo-se essencialmente "irrealista". O tribunal da razão teórica e prática, que modelou o "mundo real" ao princípio de desempenho, condenou a existência da estética. O percurso intelectual feito por Marcuse para mostrar a importância da estética e da arte envolveu a retomada da leitura das cartas de Schiller (1795) sobre *A Educação Estética do Homem*, e o seu projeto de reconstrução da civilização através da força libertadora da estética, força essa capaz de, segundo Marcuse, possibilitar um novo *princípio de realidade*.

O surgimento da estética como disciplina filosófica e a mudança no sentido da palavra no século XVIII revelam, para Marcuse, o tratamento repressivo dos processos cognitivos sensuais (e corporais). O fundamento da estética como disciplina visa, essencialmente, garantir o controle dos processos sensuais. Marcuse observa também que na língua alemã a palavra *sinnliehkeit,* que tem o duplo sentido de sensorial e sensual, expressa tanto a gratificação instintiva (e sexual) quanto a percepção sensório-cognitiva e sua representação no sujeito (sensação). Segundo Marcuse, o valor da arte está diretamente relacionado ao fato de ela só poder existir desafiando o princípio de razão dominante. Condição que a coloca em pé de igualdade com a filosofia. Ao representar a ordem da sensualidade, a arte invoca a lógica da gratificação contra a lógica da repressão. A liberdade face ao princípio de realidade, o "livre jogo" da imaginação criadora e o reconhecimento da beleza como uma "condição necessária da humanidade" precisam reafirmar-se na educação para que possa ocorrer a reconciliação entre sensualidade e razão. Tal educação pode desempenhar um papel decisivo na ruptura e superação desta civilização. Segundo Marcuse (1969, p. 166), a civilização submeteu a sensualidade à razão de modo tal que a primeira, caso logre reafirmar-se, o faz através de formas destrutivas; por outro lado, a tirania da razão empobrece e barbariza a sensualidade.

A partir da leitura das cartas de Schiller sobre *A Educação Estética do Homem*, Marcuse admite que a reconciliação entre os dois princípios - sensualidade e razão - deve ser obra de um terceiro impulso, o *impulso lúdico*, que tem como objetivo a beleza e por finalidade a liberdade. Marcuse (1969, p. 167) sintetiza admitindo:

> O que se procura é a solução de um problema "político": a libertação do homem das condições sociais inumanas. Uma nova civilização deverá reconhecer a vida como um valor supremo. Por isso mesmo, ela deve incorporar o caráter autotélico do jogo e da arte. O impulso lúdico é o veículo desta libertação porque não tem por alvo jogar com coisa alguma; antes é o jogo da própria vida que se manifesta, livre de carências e compulsões externas.

Ganhando ascendência como princípio da civilização, o impulso lúdico transformará também a relação homem-natureza. Esta e o mundo objetivo seriam então experimentados não como domínios do homem (tal como na sociedade primitiva) nem como dominados pelo homem (tal como na civilização atual), mas de forma interativa. O aspecto revolucionário da *Educação Estética do Homem* que Marcuse retoma é a reconciliação proposta por Schiller dos impulsos humanos que se tornaram conflitantes: sensualidade e razão. A partir desta reconciliação existe a possibilidade de um novo princípio de realidade. Marcuse faz esta afirmação porque, para ele, as precondições materiais (técnicas) para o seu desenvolvimento estavam já asseguradas nas sociedades mais avançadas, podendo se desenvolver nas demais.

Em sua crítica radical ao progresso técnico tal como ele vem sendo desenvolvido, Marcuse admite:

> O povo, a maioria das pessoas na sociedade afluente, está do lado daquilo que é – não com o que podia e devia ser. E a ordem estabelecida é suficientemente forte e eficiente para justificar esta adesão e garantir a sua continuidade. Contudo, o próprio vigor e eficiência dessa ordem podem-se tornar fatores de desintegração. A perpetuação da cada vez mais obsoleta necessidade de trabalho em tempo integral (mesmo numa forma muito reduzida) exigirá o crescente desperdício de recursos, a criação de empregos e serviços cada vez mais desnecessários e o crescimento do setor militar ou destrutivo. Guerras mantidas em sucessivas escaladas, permanente preparação para uma conflagração bélica e administração total podem muito bem bastar para manter o povo sob controle, mas à custa de alterar a moralidade de que a sociedade ainda depende. O progresso técnico, em si mesmo uma necessidade para a manutenção da sociedade estabelecida, fomenta necessidades e faculdades que são antagônicas da organização social

do trabalho, sobre a qual o sistema está edificado. No processo de automação, o valor do produto social é determinado em grau cada vez mais diminuto pelo tempo de trabalho necessário para sua produção. Consequentemente, a verdadeira necessidade social de mão de obra produtiva declina, e o vácuo tem de ser preenchido por atividades improdutivas. Um montante cada vez maior do trabalho efetivamente realizado torna-se supérfluo, dispensável, sem significado. Embora essas atividades possam ser sustentadas e até multiplicadas sob uma administração total, parece existir um teto para o seu aumento. Esse teto, ou limite superior, seria atingido quando a mais-valia criada pelo trabalho produtivo deixa de ser suficiente para compensar o trabalho não produtivo. (...) O sistema tem seu ponto mais frágil justamente onde apresenta sua força mais brutal: a escalada do seu potencial militar (que parece impor a atualização periódica, com interrupções cada vez mais curtas de paz e de prontidão). Essa tendência só parece reversível sob as mais fortes pressões, e tal reversão ativaria as zonas de perigo na estrutura social: a sua conversão num sistema capitalista "normal" é dificilmente imaginável sem uma séria crise e transformações econômicas arrasadoras. Hoje, a oposição à guerra e à intervenção militar ataca nas raízes: revolta-se contra aqueles cujo domínio econômico e político depende da contínua (e ampliada) reprodução do estabelecimento militar, seus "multiplicadores" e a política que precisa dessa reprodução. Esses interesses não são difíceis de identificar, e a guerra contra eles não requer mísseis, bombas e napalm. Mas exige, efetivamente, algo que é muito mais difícil de produzir: a divulgação de conhecimentos livres de censura e manipulação, consciência, e, sobretudo, a recusa organizada em continuar trabalhando com os instrumentos materiais e intelectuais que estão sendo agora usados contra o homem – para a defesa da liberdade e prosperidade daqueles que dominam o resto. (Marcuse, 1969, p. 21)

Bibliografia específica

MARCUSE, Herbert. *Eros e Civilização*. Uma interpretação filosófica do pensamento de Freud. Rio de Janeiro: Zahar Editores, 1969.

MARCUSE, Herbert. *A Ideologia da sociedade industrial*. O homem unidimensional. Rio de Janeiro: Zahar Editores, 1973.

MARCUSE, Herbert. *Razão e Revolução*. Hegel e o advento da Teoria Social. Rio de Janeiro: Paz e Terra, 1978.

Sugestões de leitura

DORIA, Francisco Antonio. *Marcuse. Vida e Obra*. Rio de Janeiro: José Álvaro Editor/Paz e Terra, 1974.

MARCUSE, Herbert. *A Ideologia da sociedade industrial*. O homem unidimensional. Rio de Janeiro: Zahar Editores, 1973.

Temas para debate:

1- A importância do pensamento de Hegel, Marx e Freud na filosofia de Marcuse.
2- Qual o significado do surgimento da Estética como disciplina filosófica?
3- Em que sentido o pensamento de Schiller contribuiu para uma nova compreensão da relação entre arte e política na obra de Marcuse?

10

O estruturalismo e a questão do sujeito em Michel Foucault

> *Em todas as épocas, a maneira como as pessoas refletem, escrevem, julgam, falam (até na rua as conversações e os escritos mais cotidianos), e mesmo a maneira como as pessoas experimentam as coisas, como a sua sensibilidade reage, todo seu comportamento é dirigido por uma estrutura teórica, um sistema, que muda com as épocas e as sociedades – mas que é presente a todas as épocas e a todas as sociedades.* (Michel Foucault, s.d., p. 31)

A corrente filosófica que ficou conhecida pelo nome de estruturalismo tem sua origem ligada aos estudos do linguista Ferdinand de Saussüre (1857-1913), um suíço, nascido em Genebra, que fez seus estudos em Berlim e depois se tornou professor em Paris. Sua obra mais conhecida e que exerceu mais influência foi *Curso de Linguística Geral*, que reúne as anotações feitas por três alunos das aulas dadas por Saussure na Universidade de Genebra no período entre 1907 e 1911.

O que existe de mais marcante na teoria de Saussure é a ideia de que entre a palavra e o que ela designa não há nenhuma correspondência necessária, sendo complementamente arbitrária a relação entre palavra e coisa. A linguagem é organizada como um sistema, como uma estrutura, e as palavras podem adquirir sentidos diferentes dentro da estrutura. Um exemplo que ilustra bem esta teoria é a comparação com o jogo de xadrez, onde o que importa é a relação entre as peças, o valor de cada peça isoladamente não possibilita a compreensão do jogo. A importância da estrutura da língua é enorme porque, segundo Saussure, ela limita a autoria das criações individuais. Sendo um sistema social, a língua permite a produção de significados de acordo com as regras que estão estabelecidas no seu interior. Falar uma língua significa participar de um jogo cujas regras não somos nós que fazemos.

Em seu conceito de *signo*, Saussure reconhece a existência de uma relativa autonomia da linguagem em relação à realidade. Um signo é composto de 2 partes: um *significante* (palavra) e um *significado* (conceito). A partir destes elementos básicos a estrutura da linguagem deixou de ser explicada através da etimologia (origem da palavra). Além desta mudança, a teoria de Saussure compreende que existe também uma diferença entre a *língua* (gramática, regra da linguagem) e a *fala* (linguagem como é praticada).

Como fato social a linguagem é aprendida enquanto estrutura, mas esta não se constrói separada dos discursos individuais. Podemos dizer, então, que os indivíduos são formados pela linguagem e, ao mesmo tempo, a formam. A língua precede o ato da fala de cada pessoa e o jogo das falas que se cruzam. A compreensão desse jogo não é acessível a partir de uma análise empírica dos fatos; é preciso um exercício de abstração para penetrar na lógica que comanda as regras do jogo.

Foi a partir desse modelo que alguns pensadores da filosofia e das ciências humanas passaram a considerar toda ação humana como parte de um sistema dotado de regras e significações próprias. Assim como as palavras não podem ser consideradas isoladamente, os fatos também só adquirem sentido quando observados dentro do sistema social e cultural onde estão inseridos. Ampliando a teoria de Saussure para outras formas de linguagem humana, os *estruturalistas* passaram a interpretar outros sistemas usando a mesma lógica e princípios teóricos da linguística. Sistemas de parentesco, moda, códigos de etiqueta, por exemplo, passaram a ser analisados como sistema de *signos*.

Neste tipo de abordagem, ao ser privilegiada a compreensão dos sistemas em sua totalidade, as ações individuais e as transgressões, que possibilitam as mudanças, tornam-se menos visíveis. Neste sentido, é a *sincronia* dos elementos da estrutura e o seu funcionamento – a regra do jogo – que interessa. A compreensão da mudança, a *diacronia*, fica em segundo plano. Esta ênfase na estrutura resulta numa tendência conservadora, segundo alguns críticos do estruturalismo, pois o movimento da história e suas rupturas é menos observado. Mas isso não quer dizer que para os estruturalistas a estrutura é uma construção intelectual esvaziada do movimento da história, ou um momento de imobilidade da história, semelhante a uma fotografia, onde o tempo se congela em imagem.

Como admitiu Eduardo Prado Coelho (s.d.) em seu estudo sobre o estruturalismo, não é a história que excede as estruturas; a história, com sua movimentação e turbulência, apenas realiza algumas possibilidades definidas pela estrutura. A história não é, neste caso, a abertura ao possível, mas limitação e travagem desse possível. Reproduzindo o pensamento do filósofo estruturalista Louis Althusser (1918-1990), o autor admite que a história é apenas o estudo da genealogia dos diferentes modos de produção que se sucedem. Cada um desses modos de produção tem uma estrutura articulada com um elemento dominante, que não tem sido sempre o mesmo na história humana, variando de acordo com a época e o lugar. Pode estar nas relações de parentesco, como nas sociedades mais antigas, ou mesmo nas relações econômicas, como nas sociedades capitalistas.

Segundo Michel Foucault, Georges Canguilhem foi o pensador estruturalista que exerceu mais influência nas abordagens estruturalistas da história, do marxismo e da psicanálise na França. Mas esta influência não teve o reconhecimento público correspondente ao seu alcance, ficando restrita a um pequeno círculo de intelectuais e acadêmicos. Não por acaso foi Canguilhem quem, em 1961, presidiu a banca perante a qual Foucault defendeu sua tese de doutorado sobre a história da loucura. Em sua análise da história da ciência, Canguilhem contesta as abordagens evolucionistas identificadas com a noção cumulativa do conhecimento e afinadas com a ideia de progresso, defendendo uma história estrutural das ciências que leve em conta as continuidades e as descontinuidades.

Michel Foucault (1926-1984) formou-se em Psicologia em 1952 e neste mesmo ano se tornou professor na Universidade de Lille. De 1955 a 1958 lecionou na Universidade de Uppsala, na Suécia. Em 1961 defendeu sua tese de doutoramento, *Loucura e Desrazão*, publicada no Brasil com o título *História da Loucura*. Em 1962 tornou-se professor e diretor do Departamento de Filosofia da Universidade Clermont-Ferrand. Em 1965 fez sua primeira viagem ao Brasil, reunindo-se em São Paulo com pesquisadores interessados em conhecer melhor seus estudos. Em 1969 ingressou no *Collège de France*. Em 1973 veio novamente ao Brasil para um ciclo de palestras na PUC-RJ. Neste mesmo ano participou, em Paris, da fundação do jornal *Libération*, junto com Jean-Paul Sartre. Manteve uma intensa participação nos debates filosóficos e uma grande produção de livros e artigos até sua morte, em 1984.

Nos estudos filosóficos de Foucault realizados nas décadas de 1960 e 1970, as ideias são projetadas na história de modo profundamente materialista; com base nessa metodologia as práticas humanas são compreendidas como modos de pensar. Foucault considerava que o passado deve ser permanentemente reavaliado à luz dos interesses do presente. Re-construir o passado é vê-lo como novo, algo semelhante ao modo como são vistos os acontecimentos biográficos da vida de uma pessoa no processo psicanalítico. Deste modo, o passado ganha novas interpretações e não fica submetido a relações de causa e efeito.

Na década de 1960, período da *arqueologia*, Foucault investigou a constituição dos saberes, e apresentou o resultado de suas investigações nas publicações: *A história da loucura* (1961), *O nascimento da clínica* (1963), *As palavras e as coisas* (1966), e *Arqueologia do saber* (1969). O interesse do filósofo era investigar o modo de existência dos discursos, sobretudo dos que se apresentavam como científicos, para alcançar a compreensão da maneira como se construiram os saberes do século XX, em especial o que tomou como objeto o homem.

O enfoque histórico adotado no estudo arqueológico das ciências humanas pretende mostrar as condições de sua emergência e seu funcionamento. A aproximação com o estruturalismo nesta fase se dá pela descrição das regras do jogo que definem o surgimento e o desaparecimento dos discursos científicos na Europa no período entre o século XVII e o século XX. Conhecer as regras do jogo que permitem que um saber seja considerado verdadeiro e legítimo, e suas formas de produzir poder, é a questão central da arqueologia.

Na década de 1970, o interesse de Foucault passou a ser investigar as articulações entre o poder e o saber. Rompendo com a concepção tradicional, que considerava o poder apenas como uma forma repressiva, exercida pelas instituições do Estado (pelos burocratas, o judiciário, a polícia e o exército), Foucault sustenta a ideia de que o modo de dominação na época moderna se dá de forma não só ostensiva e repressiva, mas, principalmente, positiva e produtiva. O projeto genealógico, inspirado na *Genealogia da Moral*, de Nietzsche, realiza uma investigação sobre a produção de verdade e as articulações saber/poder. Fazem parte deste período: *A arqueologia do saber* (1969), *Vigiar e punir* (1975) e *História da sexualidade I* (1975).

A genealogia de Foucault mostra que a fragmentação do poder nas sociedades modernas, ao promover um enraizamento muito profundo e eficaz do poder favorece a reprodução da sociedade e a manutenção do *status quo*. Este novo tipo de poder que surge, cuja função é disciplinar, teve o seu apogeu em nossa época. Através da analítica do poder, Foucault realiza uma incursão no nível micro do poder, observando suas redes, mecanismos de controle e os locais onde esse poder passa a operar no século XIX, sobretudo instituições como escolas, hospitais e prisões. O objetivo do poder disciplinar é manter as pessoas sob controle, não através da repressão, mas positivamente, isto é, pela produção de subjetividades. Por meio da burocracia moderna, e de suas ações, o poder torna os indivíduos identificáveis, visíveis e passíveis de controle.

Há, evidentemente, uma ligação entre os micropoderes e os macropoderes, mas a ênfase de Foucault é no nível micro, em parte porque até então as redes onde ele opera não haviam aparecido como investidas de poder. O descentramento do poder operado por Foucault não resultou na revelação de novos centros de poder, pois o poder não está localizado de maneira fixa em lugar nenhum, mas sim deve ser entendido como uma relação. Na família, na escola, nas relações pessoais, e em todas as relações humanas o poder se manifesta.

Investigando a questão da construção dos saberes através das análises das práticas discursivas e das articulações com o poder, Foucault reexaminou a noção de sujeito produzida na época moderna, e sua constituição enquanto objeto de conhecimento pelas ciências humanas. A desconstrução do sujeito operada por ele toma como ponto de partida as análises de Nietzsche sobre o *eu penso* de Descartes, o *sujeito transcendental* de Kant e o *sujeito histórico* de Hegel. Ultrapassando a leitura feita por Nietzsche da obra desses filósofos, Foucault demonstra os dois sentidos que a palavra "sujeito" adquiriu na modernidade: o de estar assujeitado por outro, e o de estar preso a uma identidade moldada socialmente.

Entre as principais teses expostas por Foucault no período da arqueologia e da genealogia destacamos como mais importantes as seguintes:

1- Todo o pensamento de uma época tem como balizamento um conjunto pequeno de ideias, ou *enunciados*, cuja autoria não se pode identificar. Essas ideias constituem uma espécie de matriz de toda a produção intelectual da época em questão;

2- As mudanças históricas, ao transformarem as matrizes de pensamento, geram novas configurações em todo o campo do saber. Daí a tese do nascimento e da morte do homem como figura discursiva;

3- A construção do sujeito é parte do processo que resultou no aparecimento do homem enquanto objeto das ciências humanas. Toda a obra de Foucault pode ser lida como uma crítica radical à filosofia do sujeito e à noção de sujeito;

4- A constituição do sujeito e a invenção do homem se configuram como exercícios de poder sobre os indivíduos, como produção de identidades e individualidades. O sujeito se constitui através de práticas de sujeição.

Nos últimos trabalhos Foucault deu prosseguimento às questões que vinha investigando na analítica do poder mas a ênfase passa a ser nos mecanismos de resistência ao poder, suas estratégias e possibilidades de êxito. Se no período mais estruturalista os indivíduos pareciam completamemente anulados pelas grandes estruturas, após o volume I da *História da Sexualidade*, Foucault pensa as possibilidades de transformação do mundo social tratando de questões ligadas ao agir humano, à ética e à liberdade. Até o final ele manteve seu estilo de fazer filosofia, isto é, através da pesquisa histórica e radicalmente contra a filosofia do sujeito, herança de sua passagem pelo estruturalismo.

O sujeito humano, visto como figura discursiva do pensamento moderno, foi desconstruído por Foucault em sua genealogia. Observando aspectos centrais desta desconstrução, Stuart Hall escreveu:

> Numa série de estudos, Foucault produziu uma espécie de "genealogia do sujeito moderno". Foucault destaca um novo tipo de poder, que ele chama de "poder disciplinar", que se desdobra ao longo do século XIX, chegando ao seu desenvolvimento máximo no início do presente século. O poder disciplinar está preocupado, em primeiro lugar, com a regulação, a vigilância é o governo da espécie humana ou de populações inteiras e, em segundo lugar, do indivíduo e do corpo. Seus locais são aquelas novas instituições que se desenvolveram ao longo do século XIX e que "policiam" e disciplinam as populações modernas – oficinas, quartéis, escolas, prisões, hospitais, clínicas e assim por diante. (...)
> O que é particularmente interessante, do ponto de vista do sujeito moderno, é que, embora o poder disciplinar de Foucault seja o produto das novas instituições *coletivas* e de grande escala da modernidade tardia, suas técnicas envolvem uma aplicação do poder e do saber que "individualiza" ainda mais o sujeito e envolve mais intensamente seu corpo. (...) Não é necessário aceitar cada detalhe da descrição que Foucault faz do caráter abrangente dos "regimes disciplinares" do moderno poder administrativo

para compreender o paradoxo de que, quanto mais coletiva e organizada a natureza das instituições da modernidade tardia, maior o isolamento, a vigilância e a individualização do sujeito individual. (Hall, 2001, p. 41)

Bibliografia específica

DELEUZE, Gilles. *Foucault*. São Paulo: Brasiliense, 1991.

ERIBON, Didier. *Michel Foucault, uma biografia*. São Paulo: Companhia das Letras, 1990.

FOUCAULT, Michel. *Microfísica do Poder*. Rio de Janeiro: Graal, 1979.

MACHADO, Roberto. *Ciência e Saber*: a trajetória da arqueologia de Michel Foucault. Rio de Janeiro: Graal, 1982.

Sugestões de leitura

FOUCAULT, Michel. *Microfísica do Poder*. Rio de Janeiro: Graal, 1979.

MUCHAIL, Salma Tannus. *Foucault, simplesmente*. São Paulo: Loyola, 2004 (Col. Leituras Filosóficas).

Temas para debate:

1- A linguística de Saussure como referência e fonte de inspiração para o pensamento estruturalista.
2- Como Foucault compreende a função do poder na sociedade moderna?
3- Por que Foucault critica a noção de sujeito? Como ele desconstrói essa noção?

11

Deleuze e o ato de pensar

> *Comecei pela história da filosofia quando ela ainda se impunha. Não havia meio de escapar. Não suportava Descartes, os dualismos, o Cogito, nem Hegel, as tríades e o trabalho do negativo. Gostava dos autores que davam a impressão de fazer parte da história da filosofia, mas dela escapavam parcial ou totalmente: Lucrécio, Spinoza, Hume, Nietzsche, Bergson.* (Gilles Deleuze, 1977, p. 21)

O itinerário de Gilles Deleuze (1925-1995) como filósofo mostra um interesse inicial muito forte pela história da filosofia. Seus primeiros escritos são monografias de filósofos como Spinoza, Kant, Nietzsche, Bergson, entre outros. Há também inúmeros trabalhos construídos a partir de obras literárias e artísticas. Émile Zola, Proust, Kafka e o pintor inglês Francis Bacon foram estudados por Deleuze, assim como produções científicas ligadas a diferentes áreas, com destaque para a psicologia, a biologia, a matemática e a antropologia.

Além da história da filosofia, Deleuze também se dedicou muito ao ensino, atuando em Liceus e Universidades e mantendo viva a tradição francesa de grandes mestres de filosofia, como Ferdinand Alquié e Georges Canguilhem, que foram seus professores, e François Châtelet, que foi seu colega na Universidade de Sorbonne. Essa diversidade de fontes e referências é compreensível num filósofo que tornou a ideia de *diferença* central em sua obra. Desde as primeiras monografias sobre autores clássicos da filosofia esta ideia esteve imbricada com uma questão central na trajetória de Deleuze: o que é o pensamento? Sua problematização do pensar se estendeu para além da filosofia, alcançando o campo da ciência e da arte.

A questão da diferença em Deleuze se afirma em contraposição à ideia de representação. Três obras da década de 1960 firmam esta posição estabelecendo um divisor de águas na história da filosofia: *Nietzsche e a filosofia, Proust e os signos* e *Diferença e repetição*. Duas linhagens são destacadas desde então: a dos filósofos que, seguindo Sócrates, Platão e Aristóteles, subordinam a diferença à identidade, e a dos filósofos da diferença, com os quais Deleuze se identifica.

A problematização do pensar levou Deleuze a concluir que o pensamento não nasce espontaneamente como decorrência de uma possibilidade natural, mas da violência dos signos, que obriga o pensador a sair de sua passividade. Pensar, portanto, é desnaturalizar, é interpretar, traduzir signos, e dar sentido às coisas. Pensar é mover o pensamento no sentido da criação de conceitos. A vontade de pensar se instala pela intervenção dos *intercessores*, que, ao se fazerem presentes em encontros fortuitos, obrigam o pensamento a sair do seu imobilismo natural.

Definindo mais precisamente esta noção, podemos dizer que coisas e pessoas podem ser intercessores. Deleuze considerava os poetas e artistas de uma maneira geral como intercessores do seu pensamento. Daí o interesse pela literatura de Kafka e Proust e pela pintura de René Magritte e Francis Bacon.

O instrumento que o pensamento cria para se movimentar é o *conceito*. Por exemplo, o conceito de intercessor na filosofia deleuziana permitiu que a relação filosofia e arte fosse pensada de uma nova maneira, abrindo a possibilidade para a produção de novas ideias. A valorização da capacidade criadora no trabalho filosófico é, portanto, um traço que distingue seu estilo. A filosofia se esteriliza quando se transforma em teoria do conhecimento e metalinguagem. A obsessão com a linguagem própria à filosofia analítica é o inverso do que Deleuze entende como centro vital da filosofia. Sua prática destrói a força criadora da filosofia.

Na heterogeneidade das fontes de Deleuze, os diferentes saberes mantêm uma relação simétrica. Não há hierarquia entre os saberes porque o pensar, no sentido forte, não é considerado monopólio da filosofia. Não se pensa apenas com conceitos; através de imagens e outros elementos não-conceituais o pensamento também pode se expressar. O pensar é uma prática: a literatura pensa, o cinema pensa, a música pensa. O filósofo que não reconhece as especificidades desses modos de pensar toma como tarefa "refletir sobre" a literatura, o cinema, a pintura, a música etc. Ao fazer isso, ele empobrece a filosofia e se distancia da arte.

Ao apresentar a questão nestes termos, Deleuze está exigindo do filósofo uma abertura em relação a territórios que ultrapassam as fronteiras da filosofia. O ato de pensar não se realiza de fato se o pensador não imprimir sua marca naquilo que seu pensamento toma como objeto. Em relação à história da filosofia Deleuze sugere que é preciso lidar com a tradição de modo semelhante ao de Marcel Duchamp em relação à história da arte. A história da filosofia não pode ser invocada para reprimir o pensamento e intimidar o pensar. Uma atitude iconoclasta, como o bigode colocado por Duchamp na Monalisa, pode ser fundamental para a sobrevivência do pensamento. Mas não se trata de uma posição teórica apenas. Os estudos de Deleuze da história da filosofia renovam a tradição dialogando com ela.

Há uma afinidade neste aspecto entre Walter Benjamin e Deleuze. Ambos fizeram uma transposição da técnica dadaísta de colagem para a filosofia. No livro *Rua de Mão Única* Benjamin pensa revelando imagens. Existe nesta grande colagem uma rejeição das formas tradicionais de escrita, e uma incorporação da escrita das ruas, dos cartazes de propaganda, letreiros etc. A leitura desta obra é difícil porque a estrutura do texto não segue uma lógica convencional. Os temas tratados são muito variados, aparentemente sem nenhuma relação entre si: jogos, relatos de sonhos, lembranças de infância, comentários sobre a crise política etc. A vitalidade do texto impressiona o leitor, tudo parece de pernas para o ar. Mas é exatamente isso que pode obrigá-lo a mover o pensamento. Não se trata, neste caso, de dar uma nova roupagem ao pensamento conceitual, mas de chamar a atenção pela forma enigmática, para que o pensamento rompa com a expressão tradicional, rígida, convencional e envelhecida, e se ponha em movimento.

Em *Diferença e repetição* Deleuze admite que a busca de novas formas de expressão filosófica iniciada por Nietzsche deve ser mantida para que o pensamento não seja domesticado. A ideia de colagem apresentada nesta obra inclui como possibilidade a extração de partes de um texto, o "roubo" de uma ideia e sua apropriação num outro contexto, e o deslocamento de elementos de um sistema filosófico para a criação de um pensamento novo. O aspecto altamente liberador dessas ideias indica que Deleuze é um filósofo preocupado com a dimensão criadora do pensamento. Sua crítica, inspirada em Nietzsche, à imagem tradicional do filósofo articula pensamento e vida, como podemos ver no trecho que reproduzimos a seguir:

> A imagem do filósofo, tanto popular como científica, parece ter sido fixada pelo platonismo: um ser das ascensões que sai da caverna eleva-se e se purifica na medida em que mais se eleva. Neste "psiquismo ascensional", a moral e a filosofia, o ideal ascético e a ideia do pensamento estabeleceram laços muito estreitos. Deles dependem a imagem popular do filósofo nas nuvens, mas também a imagem científica segundo a qual o céu do filósofo é um céu inteligível. Mas nos dois casos tudo se passa em altitude (ainda que fosse a altura da pessoa no céu da lei moral). Quando perguntamos "que é orientar-se no pensamento?", aparece que o pensamento supõe ele próprio eixos e orientações segundo as quais se desenvolve, que tem uma geografia antes de ter uma história, que traça dimensões antes de construir sistemas. A altura é o Oriente propriamente platônico. A operação do filósofo é então determinada como ascensão, como conversão, isto é, como o movimento de se voltar para o princípio do alto do qual ele procede e de se determinar, de se preencher e de se conhecer graças a uma tal movimentação. (...)

> Nietzsche duvidou desta orientação pelo alto e se perguntou se, longe de representar a realização da filosofia, ela não era, ao contrário, a degenerescência e o desvio começado com Sócrates. Por aí Nietzsche recoloca em questão todo o problema da orientação do pensamento: não é segundo outras dimensões que o ato de pensar se engendra no pensamento e que o pensador se engendra na vida? (Deleuze, 1974, p. 131)

Bibliografia específica

DELEUZE, G. *Mil Platôs*. Capitalismo e esquizofrenia. Rio de Janeiro: Editora 34. 1997.

DELEUZE, G. *Lógica do sentido*. São Paulo: Perspectiva, 1974.

DESCAMPS, C. *As ideias filosóficas contemporâneas na França*. (1960-1985). Rio de Janeiro: Zahar, 1991.

Sugestões de leitura

DELEUZE, Gilles. *O que é filosofia?* Rio de Janeiro: Editora 34, 1997.

MACHADO, Roberto. *Deleuze e a filosofia*. Rio de Janeiro: Graal, 1990.

Temas para debate:

1- A função do conceito na filosofia de Deleuze.
2- Em que sentido a tradição filosófica pode ser um obstáculo para o filosofar?
3- Como se pode interpretar a afirmação: *o ato de pensar se engendra no pensamento e o pensador se engendra na vida.*

12
Wittgenstein e os jogos de linguagem

> *Os aspectos para nós mais importantes das coisas estão ocultos pela sua simplicidade e trivialidade. (Podemos não notá-los por tê-los sempre diante dos nossos olhos)*. (Wittgenstein, 1979, p. 57)

Antes da linguagem se tornar o foco central do interesse de Lyotard, e objeto dos pensadores que discutem a pós-modernidade, ela já era uma questão na filosofia contemporânea, sobretudo para os filósofos analíticos. Esta corrente desenvolveu-se sobretudo na Inglaterra e nos Estados Unidos, mas suas origens mais remotas nos remetem ao pensamento do filósofo alemão Gottfried Wilhelm Leibniz (1646-1716). A chamada virada linguística (*linguistc turn*) surge no final do século XIX como uma forma de reação às filosofias do sujeito e da interioridade, que apresentam os problemas no registro da consciência e das representações. Enfatizando a materialidade linguística, filósofos das mais variadas correntes começam a buscar um terreno mais seguro para suas investigações.

No início do século XX, muitos pensadores começam a investigar a linguagem enquanto forma de pensamento. Gottlob Frege, Bertrand Russell e Wittgenstein são os representantes mais ilustres da corrente *analítica* que adotam como eixo central de seu projeto filosófico a análise *lógica* da linguagem. De acordo com este projeto, os juízos sobre a realidade não são interpretados como atos mentais de um sujeito ou de uma consciência, mas analisados em sua forma lógica e comparados com a realidade que representam. Os três filósofos pretendiam verificar a possibilidade de uma correspondência entre a linguagem e a realidade e se contrapor ao idealismo da filosofia moderna. A negação do subjetivismo é um aspecto que os aproxima dos filósofos e cientistas do Círculo de Viena, grupo liderado por Moritz Schlick (1882-1936) cujo objetivo era submeter as questões filosóficas a uma rigorosa análise lógica visando a transformação de suas formulações originais.

Na Inglaterra a filosofia analítica foi muito influenciada por Ludwig Wittgenstein (1889-1951), que durante um certo período se manteve próximo do Círculo de Viena. Filho de um dos industriais mais ricos da Europa, Wittgenstein foi educado em casa até os 14 anos, no convívio com intelectuais e artistas de projeção que mantinham relações com a sua família. Em 1906 muda-se para Berlim e ingressa na Escola Técnica Superior em Charlottenburg. Em 1908 deixa o curso de engenharia mecânica em Berlim para estudar engenharia aeronáutica na Universidade de Manchester, na Inglaterra. Nesta época conhece os estudos de lógica e matemática de Bertrand Russell e Gottlob Frege, que lhes despertam um grande interesse. Abandona o curso de engenharia e passa a estudar com Russell na Universidade de Cambridge em 1911. Durante a Primeira Guerra Mundial (1914-1918) Wittgenstein se alista no exército austro-húngaro. Insiste em manter uma atuação na frente de batalha, e não em funções administrativas, e mesmo nestas condições continua trabalhando nas questões que viriam a ser objeto do único livro que publicou em vida: o *Tratactus logico-philosophicus*.

Wittgenstein era o caçula de oito filhos de uma família de jovens talentosos, porém muito instáveis. Três de seus quatro irmãos se suicidaram, e o próprio Wittgenstein durante um certo período de sua vida esteve inclinado a fazer o mesmo. Há referências na autobiografia de Bertrand Russell às conversas que manteve com Wittgenstein tentando dissuadi-lo da ideia de suicídio. O desinteresse por dinheiro e bens materiais era muito forte em Wittgenstein. A maior parte da fortuna que herdou de sua família ele doou para suas irmãs, outra parte doou anonimamente a escritores e poetas. Posteriormente se descobriu que Georg Trakl e Rainer Maria Rilke, considerado por muitos críticos literários o maior poeta da língua alemã do século XX, foram beneficiados com doações. Não foi só o desprendimento pelas coisas materiais que levou

Wittgenstein a decidir se livrar de sua fortuna. Achava que agindo assim não atrairia pessoas interessadas no seu dinheiro. Após tomar essa atitude, em 1920, um ano antes do *Tratactus* ser publicado, Wittgenstein deixa a Universidade de Cambridge para se tornar professor numa escola para crianças no interior da Áustria. Essa experiência não foi bem sucedida porque seu nível de exigência era incompatível com o desenvolvimento intelectual das crianças e a disciplina imposta no trabalho escolar era completamente inadequada à capacidade de concentração delas.

Em 1926 Wittgenstein pensa na possibilidade de ingressar numa ordem monástica, mas foi convencido pelo abade a abandonar esta ideia. Neste ano chegou a trabalhar como ajudante de jardineiro num convento. Durante dois anos dedicou-se inteiramente à realização da construção da casa de uma de suas irmãs em Viena. Em 1929 resolve retomar suas atividades em Cambridge e dedicar-se novamente à filosofia e aos seus estudos sobre a linguagem. Vai para a Noruega em 1936, onde começa a escrever as *Investigações Filosóficas*, e retorna a Cambridge um ano depois. Durante a Segunda Guerra Mundial (1939-1945) trabalha como porteiro num hospital e depois como ajudante num laboratório de pesquisas clínicas em Newcastle. Depois da guerra volta a Cambridge, onde permanece até 1947; renuncia à sua cátedra para concluir as *Investigações*. Poucos anos depois descobriu que estava com câncer, mas não ficou triste, e declarou que não tinha mesmo muita vontade de viver. Dedicou-se à filosofia até sua morte, em abril de 1951.

Bertrand Russell considerava o estilo de Wittgenstein muito peculiar e um tanto esotérico, e admitiu que apresentar de forma resumida o seu pensamento era uma tarefa muito difícil. Arriscando uma síntese, em sua *História do Pensamento Ocidental*, Russell diz que talvez uma interpretação correta do princípio básico da filosofia da linguagem de Wittgenstein seja a de que *o significado de uma palavra é definido pelo seu uso*. Podemos comparar a forma de exposição de Wittgenstein dos "jogos de linguagem" com o jogo de xadrez. Em ambos há certas regras que devem ser observadas pelos jogadores e restrições nos seus movimentos e ações.

No *Tratactus* Wittgenstein admite que seria possível realizar uma análise de todas as declarações e falas decompondo-as em seus constituintes mais simples, até o ponto em que não podem mais ser divididos. Essa teoria foi chamada de "atomismo lógico". Sua pretensão era elaborar uma linguagem capaz de expressar tudo com precisão, uma linguagem absolutamente rigorosa. Nela as palavras devem estar organizadas de maneira a permitir uma imagem da realidade. A relação entre uma frase e a realidade deve ser como a relação entre um mapa e o espaço geográfico representado. Embora o mapa seja muito menor que a área representada, podemos imaginá-la porque as proporções e as distâncias traçadas no mapa são análogas às existentes nos elementos naturais do mundo real.

O *Tratactus* mostra que as respostas para as questões da filosofia não podem ser colocadas em palavras, concluindo que o problema está nas perguntas, que foram mal formuladas o tempo todo. É um equívoco querer falar de coisas que não podem ser representadas em linguagem. A última frase do *Tratactus* é coerente com esta conclusão: "Aquilo de que não se pode falar, deve-se calar". Tentar falar do sentido da vida, de valores éticos e estéticos com pretensão de verdade é debater-se contra os limites da linguagem. "Existe com certeza o indizível".

Alguns intérpretes consideram que a fase da obra de Wittgenstein chamada de "período intermediário", de 1929 a 1933, inclui o que veio a ser publicado postumamente como *Observações filosóficas*, *Gramática filosófica*, *Considerações filosóficas*. Sua segunda filosofia começa em 1933 e inclui o *Livro Azul*, o *Livro Marron*, as *Investigações Filosóficas* e as *Fichas*. Nesta fase, Wittgenstein admite que a linguagem envolve mais do que representação, e que a filosofia é uma busca de clareza e precisão, e não uma busca de novas verdades sobre a vida e o mundo. A compreensão do *jogo da linguagem* resulta na conclusão de que ele deve atender a algumas condições.

Antes de tudo, para que ele possa ser jogado é preciso que ele seja viável. As regras devem ser públicas e partilhadas. Essa partilha não pode ser restrita a uma meia dúzia de iniciados, a um pequeno grupo de filósofos, por exemplo. Publicizar significa integrar no jogo usuários da linguagem comum. Todos os jogos de linguagem devem ter regras que podem ser seguidas. Também deve ser possível saber quando acontece a violação das regras; do contrário, o jogo não pode ser jogado. Deve haver diferença clara entre seguir uma regra e não seguir. Fazendo uma analogia com jogos esportivos, no futebol, por exemplo, se um jogador pegar a bola e for embora do campo porque o seu time está perdendo, ele será impedido e punido pelo árbitro, porque as regras não podem ser mudadas por uma só pessoa de acordo com as circunstâncias. Elas são determinadas de fora.

Embora todo jogo de linguagem se situe na esfera pública, o aprendizado das regras não é simples, pois as regras estão sujeitas a interpretação e a mal-entendidos. Além disso, as aplicações das regras não podem ser todas previstas. Como as explicações sobre as regras não conseguem prever todos os erros e transgressões que um jogador pode cometer, a observação do jogo torna-se muito importante para seu aprendizado. Fazendo uma comparação com o jogo de xadrez, por exemplo, se explicamos a um jogador iniciante como ele deve movimentar as peças no tabuleiro mas não falamos nada a respeito do que podemos fazer com as peças quando elas são excluídas do tabuleiro e esse jogador destruir uma peça após sua captura, isto não pode ser considerado uma violação da regra. Há uma diferença entre violar a regra do jogo e não agir de acordo com as regras por desconhecimento.

O fato de as regras dos jogos de linguagem terem uma origem que desconhecemos não significa que os jogos e as regras são completamente arbitrários. Na verdade, todos os jogos de linguagem tentam criar condições para a comunicação humana. A questão é saber em que medida as necessidades humanas que precisam ser comunicadas cabem nas regras do jogo que está sendo jogado.

Nas *Investigações Filosóficas*, referindo-se à extensa gama de atividades que podemos identificar como jogo de linguagem, Wittgenstein (1979, p. 18) diz o seguinte:

Quantas espécies de frases existem? Afirmação, pergunta e comando, talvez? Há inúmeras de tais espécies: inúmeras espécies diferentes de emprego daquilo que chamamos "signo" , "palavras" , "frases". E essa pluralidade não é nada fixa, um dado para sempre; mas novos tipos de linguagem, novos jogos de linguagem, como poderíamos dizer, nascem e outros envelhecem e são esquecidos. (Uma imagem aproximada disto pode nos dar as modificações da matemática)

    O termo "jogo de linguagem" deve aqui salientar que o falar da linguagem é uma parte de uma atividade ou de uma forma de vida.

    Imagine a multiplicidade dos jogos de linguagem por meio destes exemplos e outros:

    Comandar, e agir segundo comandos –

    Descrever um objeto conforme a aparência ou conforme medidas –

    Produzir um objeto segundo uma descrição (desenho) –

    Relatar um acontecimento –

    Conjecturar sobre um acontecimento –

    Expor uma hipótese e prová-la –

    Apresentar os resultados de uma experiência por meio de tabelas e diagramas –

    Inventar uma história; ler –

    Representar teatro –

    Cantar uma cantiga de roda –

    Resolver enigmas –

    Fazer uma anedota; contar –

    Resolver um exemplo de cálculo aplicado –

    Traduzir de uma língua para outra –

    Pedir, agradecer, maldizer, saudar, orar.

É interessante comparar a multiplicidade das ferramentas da linguagem e seus modos de emprego, a multiplicidade das espécies de palavras e frases com aquilo que os lógicos disseram sobre a estrutura da linguagem. (E também o autor do *Tractatus Logico-philosophicus*).

Bibliografia específica

CHAUVIRÉ, C. *Wittgenstein*. Rio de Janeiro: Jorge Zahar, 1991.

MONK, R. *Wittgenstein - uma biografia* (O dever do gênio). São Paulo: Companhia das Letras, 1995.

WITTGENSTEIN, L. *Tratactus logico-philosophicus*. São Paulo: EdUSP, 1993.

WITTGENSTEIN, L. *Wittgenstein*. São Paulo: Abril Cultural, 1979 (Col. Os Pensadores).

Sugestões de leitura

FAUSTINO, S. *A experiência indizível*. Uma introdução ao *Tratactus* de Wittgenstein. São Paulo: UNESP, 2006.

STRATHERN, P. *Wittgenstein em 90 minutos*. Rio de Janeiro: Jorge Zahar, 1997.

Temas para debate:

1- A função que Wittgenstein atribui à linguagem na primeira e na segunda fase de sua filosofia.
2- O que Wittgenstein entende por *jogo de linguagem*?
3- Como se pode interpretar a afirmação de Wittgenstein: *Um problema filosófico tem a forma: "Eu não sei mais nada".*

13
Modernidade x pós-modernidade

> *Se subitamente nos voltamos para o dia de hoje, podemos medir a imensidão das mudanças culturais que ocorreram. Não apenas Joyce e Picasso não são mais estranhos e repulsivos, como se tornaram clássicos e agora nos parecem muito mais realistas. Não obstante, há muito pouco, quer no conteúdo, quer na forma da arte contemporânea que a sociedade contemporânea ache intolerável ou escandaloso. As mais ofensivas formas de arte – digamos o punk, o rock ou o que é chamado de material sexualmente explícito – são todas tomadas com certa complacência pela sociedade e, ao contrário das produções do antigo alto modernismo, fazem sucesso em termos comerciais.* (Fredric Jameson, 2006, p. 42)

De acordo com muitos pensadores contemporâneos, nossa época sofreu mudanças que a tornaram muito diferente da época que chamamos moderna. Alguns acreditam que a profundidade destas mudanças indica que a designação "moderna" não seria mais adequada para nos referirmos à época atual; outros consideram que as mudanças ocorridas nos últimos 50 anos não produziram um modo de viver, de pensar e de produzir conhecimento profundamente diferente, capaz de justificar o uso do termo pós-modernidade. Como não há consenso a esse respeito, a pós-modernidade é algo cuja existência ainda está em debate. Essa confusão tem a ver, em certa medida, com o fato de estarmos muito próximos dos acontecimentos. É muito difícil viver um processo de mudança e ao mesmo tempo compreendê-lo. Mas isto não é uma particularidade de nossa época, as pessoas que viviam no século XVII também não tinham clareza de estarem passando por um momento de ruptura histórica, nem tinham consciência do que era ser "moderno".

Há duas posições antagônicas sobre a tradição moderna no debate político e cultural desenvolvido nas últimas três décadas: a de Jürgen Habermas, que considera que a tradição moderna e o projeto iluminista contém elementos que precisam ser resgatados em nossa época; e a posição de Jean-François Lyotard, que considera positiva a mudança de paradigma ocorrida com a emergência do pós-moderno. Há, como vemos, nestas posições avaliações distintas a respeito do pós-moderno. Para Habermas o pós-moderno representa um modismo conservador, tanto do ponto de vista político quanto cultural, que deve ser criticado, enquanto Lyotard considera a falência e a descrença no projeto iluminista, e sua pretensão de racionalidade, um acontecimento que não deve ser lamentado.

Considerando o projeto iluminista um projeto inacabado e não um projeto falido, Habermas procura recuperar o potencial crítico do pensamento moderno através de um modelo de razão capaz de preservar o aspecto emancipador do projeto iluminista. Não há espaço neste caso para se pensar em ruptura com a modernidade. Esta nova racionalidade estabelece um critério de verdade onde a validade das proposições está vinculada à linguagem e à possibilidade de um consenso intersubjetivo. Nesta perspectiva a psicanálise tem um papel essencial, pois pode criar condições para uma situação de *fala ideal*, tornando os indivíduos aptos a participarem dos contextos discursivos em condições de igualdade com seus interlocutores, e a denunciar as situações onde se impõem relações assimétricas e autoritárias. A psicanálise pode criar condições para a formação de um ambiente onde estão asseguradas determinadas possibilidades de produção cognitiva e de argumentação discursiva.

Habermas atribuiu às regulações morais um papel decisivo na história. Nas sociedades capitalistas, as lutas de classes estariam cobertas por duas esferas: a do *mundo vivido*, que opera através de relações espontâneas e do consenso e é regida pela razão comunicativa, e a *esfera sistêmica*, que organiza o complexo de ações autonomizadas do mundo vivido que passaram a ser regulamentadas pela razão instrumental. A necessidade de expansão do capital e de controle social obrigam a esfera sistêmica a invadir cada vez mais a esfera do mundo vivido.

De acordo com a tese de Habermas, podemos apontar a apropriação que o Estado e a indústria cultural fazem das manifestações espontâneas da cultura, como ocorreu com o carnaval, por exemplo, incorporando-as e classificando-as segundo critérios institucionais e estabelecendo regras e restrições para as suas atividades, como uma forma de colonização do mundo vivido e de substituição da racionalidade comunicativa por uma racionalidade instrumental.

Contrário a esses processos de intervenção na esfera do mundo vivido, Habermas incorporou na estrutura do seu modelo de razão a dimensão cognitiva, a moralidade e a expressão. Unindo essas três esferas ele pretendia restaurar a divisão imposta à razão na modernidade, e recompor a fratura ocorrida entre o mundo objetivo dos fatos, o mundo social das normas e o mundo subjetivo do sentimento e do desejo. Através da linguagem e da possibilidade de um consenso racional firmado em novas bases, estariam criadas as condições para a superação dos aspectos que oprimem a intersubjetividade.

A entrada de Fredric Jameson neste debate, enfatizando o aspecto político, introduziu uma posição alternativa ao antagonismo acima apresentado. Segundo a caracterização do próprio Jameson, seu posicionamento tem como alvo a recuperação da categoria de totalidade e o combate ao antimarxismo da cultura dominante na academia americana, que, fundamentada no positivismo lógico, rejeita o pensamento dialético, afirmando uma tendência antiespeculativa que impede a existência de uma reflexão e de um debate profundo das questões culturais e sociais. Trata-se de uma intervenção que pretende desmascarar uma postura pretensamente apolítica e, ao mesmo tempo, colocar em questão o cientificismo da cultura universitária americana.

A primeira publicação filosófica que assumiu a noção de pós-moderno foi *A Condição pós-moderna*, de Jean-François Lyotard, lançada em Paris em 1979. Escrito por encomenda do Conselho Universitário do Governo de Quebec, que desejava uma avaliação sobre o "estado do conhecimento contemporâneo", o livro foi o primeiro a considerar a pós-modernidade como uma mudança total na condição humana. Que mudanças eram essas? Para Lyotard, a ruptura decisiva entre a modernidade e a pós-modernidade aconteceu a partir de 1950, com a mudança no estatuto do saber ocorrida após o ingresso das sociedades na era pós-industrial. Resumindo o caráter dessa mudança de estatuto, Lyotard admitiu *que o "pós-moderno" é a incredulidade em relação às metanarrativas*. Não existindo mais necessidade de legitimação da ciência pela filosofia, nem justificativa para a sobrevivência deste saber, abriu-se uma crise no seu interior e na instituição universitária que dele dependia. Com a incidência das transformações tecnológicas e da informática, tudo o que no saber constituído não puder ser traduzido para a linguagem de máquina tende a desaparecer. O declínio da filosofia está associado, portanto, ao domínio da linguagem da informática. O conhecimento desta tecnologia constitui uma condição indispensável para a circulação e legitimação dos saberes. De acordo com Lyotard, alguns saberes que circulam em torno da filosofia sobreviverão, mais ou menos como as línguas mortas sobrevivem até hoje.

Lyotard compreende a pós-modernidade como uma profusão de *jogos de linguagem*, isto é, como interações sociais mediatizadas por enunciados de vários tipos, obedecendo cada um às suas próprias regras. Tomando como referência esta síntese, podemos dizer que a sociedade seria, para Lyotard, uma espécie de Babel, onde se cruzam vários tipos de enunciados: denotativos (que descrevem fatos acontecidos), prescritivos (que apresentam normas de conduta) expressivos (que revelam sentimentos e formas), imperativos (que transmitem ordens) etc. Podemos deduzir neste caso que a comunicação humana é difícil exatamente porque não existe uma maneira de organizar esses *jogos*. Esta seria uma característica comum a todas as visões do pós-moderno: a sociedade como uma miríade de particularismos e diferenças.

Contestando as ideias de Habermas sobre a linguagem, a possibilidade de um verdadeiro diálogo e de um consenso entre as pessoas, Lyotard admitiu:

> Não há nenhuma razão para pensar que seja possível determinar metaprescrições comuns a todos esses jogos de linguagem e que um consenso sujeito a revisão, como o que reina num dado momento na comunidade científica, possa englobar o conjunto das metaprescrições que regulam o conjunto dos enunciados que circulam na coletividade. (...) Por esta razão, não parece possível, nem mesmo prudente, orientar, como o faz Habermas, a elaboração do problema da legitimação no sentido da procura de um consenso universal através do que ele chama o *Diskurs*, ou seja, o diálogo das argumentações. (Lyotard, 1989, p. 129)

Analisando as ideias de Lyotard, Sérgio Paulo Rouanet admitiu que elas não estão bem fundamentadas. Para Rouanet, não existe uma ruptura entre a sociedade atual e a que chamamos de "moderna". O fato de Lyotard e algumas pessoas inteligentes estarem convencidas do contrário deve-se à existência de um *cansaço da modernidade* após a experiência de duas guerras mundiais, e de estarmos vivendo num mundo ameaçado pela aniquilação atômica e pela degradação dos ecossistemas. A rejeição a esse mundo teria se traduzido na ideia de que estamos atravessando uma mudança para um novo paradigma. O desejo de mudança se expressa no prefixo *pós*, que visaria exorcizar o velho mundo moderno. Mas essa percepção não corresponde à realidade; a pós-modernidade é, portanto, algo fictício. Esta noção revela o desejo de se livrar de uma modernidade doente, marcada pela desesperança causada pela transformação das antigas utopias em pesadelos. A verdade do pós-moderno seria a sua própria ilusão de ruptura com a modernidade. Tal ilusão encobre a ausência de coragem de um confronto com os problemas da modernidade.

Os livros e ensaios de Jameson sobre a pós-modernidade discutem questões da cultura, focalizando aspectos relacionados à filosofia, à arte à política e à economia. Em suas análises, Jameson toma como referência a caracterização de Ernest Mandel sobre o capitalismo avançado e procura utilizá-la como base para um novo conceito de pós-modernidade.

Três momentos sucessivos marcam, segundo Mandel, o capitalismo: a formação dos mercados nacionais, a fase monopolista, quando se procura anexar outros mercados, e o multinacional, que hoje, na época da globalização, envolve a maior parte do planeta. Este último, ao revelar de forma mais pura a natureza do capitalismo, reafirma as análises de Marx sobre a lógica do capital. Segundo Mandel, a essas três fases de desenvolvimento do capital, correspondem três estágios de desenvolvimento tecnológico: o de motores a vapor, o de motores elétricos e de combustão, e o de motores eletrônicos e nucleares. Ancorando-se nas caracterizações de Mandel, Jameson passa a considerar a pós-modernidade como uma virada, ao mesmo tempo econômica, tecnológica, epistemológica e estética.

Conectada a esta análise, uma segunda referência fundamental no quadro teórico de Jameson é o trabalho de Baudrillard sobre a importância do simulacro no imaginário cultural das sociedades capitalistas contemporâneas. Baudrillard entende que na modernidade os interesses culturais que determinam as ações e os objetos em nossas atividades cotidianas supunham a existência de uma subjetividade e uma interioridade próprias à "sociedade do espetáculo". No drama moderno a interioridade era produzida pelo sistema, na pós-modernidade não há mais interioridade porque as subjetividades são produzidas de modo mais industrial e eficiente, correspondendo à lógica do atual estágio do capital. O excesso de comunicação, paradoxalmente, provocou o colapso da comunicação humana. Não há mais a divisão essência/aparência em nenhuma das variedades pensadas pela filosofia. Toda "realidade" visível se resume ao universo de imagens produzido pelas redes de informação.

A era moderna de esplendor do sujeito autoconsciente deu lugar na pós-modernidade à supremacia total do objeto. Reduzido a algo próximo do homem unidimensional de Marcuse, o sujeito moderno não teria conseguido escapar à sedução do objeto e à exploração generalizada das imagens. A vontade de saber e de poder também foi substituída por uma vontade de espetáculo e de ilusão. A importância da teoria neste mundo de ilusão, nesta nova *caverna*, torna-se muito grande. Sem ela fica difícil desmascarar o império da chantagem e da manipulação na mídia, no jogo político, e nas relações pessoais. O crescimento do terrorismo no mundo estaria diretamente ligado a esses processos e ao fim do contrato social como sustentação do jogo político.

Expondo os aspectos mais importantes ligados ao surgimento do pós-modernismo no ensaio "Pós-modernismo e sociedade de consumo", apresentado como conferência no Museu Whitney de Arte Contemporânea em 1982, Jameson escreveu:

> Acredito que o surgimento do pós-modernismo está intimamente relacionado com o surgimento desse novo momento do capitalismo tardio de consumo ou capitalismo multinacional. Creio também que os seus aspectos formais expressam de muitos modos a lógica mais profunda desse sistema social particular. Entretanto, só serei capaz de demonstrar isso em relação a um único tema maior, a saber, o desaparecimento do sentido de história, o modo pelo qual todo o nosso sistema social contemporâneo começou, pouco a pouco, a perder a capacidade de reter o seu próprio passado, começou a viver em um presente perpétuo e em uma mudança perpétua, que obliteram as tradições do tipo preservado, de um modo ou outro, por toda a informação social anterior. Pensemos apenas na exaustão que a mídia traz para a notícia; em como Nixon ou, ainda mais, Kennedy são figuras de um passado distante de agora. É tentador dizer que a função própria da mídia jornalística é a de relegar tais experiências históricas recentes ao passado o mais rápido possível. A função informativa da mídia seria, portanto, a de nos ajudar a esquecer, a de servir como os agentes e mecanismos de nossa amnésia histórica.
>
> Todavia, nesse caso, os dois aspectos do pós-modernismo sobre os quais me debrucei aqui – a transformação

> da realidade em imagens e a fragmentação do tempo em uma série de presentes perpétuos – são ambos extraordinariamente consoantes a esse processo. A minha própria conclusão aqui deve ter a forma de uma questão acerca do valor crítico da arte mais recente. Há algum acordo sobre o fato de o antigo modernismo ter funcionado contra a sua sociedade por modos que são diversamente descritos como críticos, negativos, contestatórios, subversivos, oposicionistas e assim por diante. Será que algo desse gênero pode ser afirmado sobre o pós-modernismo e o seu momento social? Vimos que há um modo pelo qual o pós-modernismo responde ou reproduz – reforça – a lógica do capitalismo de consumo; a questão mais significativa é se há também um modo pelo qual ele resiste a essa lógica. Mas essa é uma questão que devemos deixar em aberto. (Jameson, 2006, p. 43)

A correlação entre as transformações do capital e as novas subjetividades permitiu a Jameson uma re-significação do conceito de luta de classes. Na pós-modernidade a sociedade de classes se mantém, mas nenhuma classe dentro do sistema continua sendo a mesma de antes. Por isso mesmo, é necessário um corajoso enfrentamento com o pensamento de Marx e com a literatura marxista produzida no século XX. Avaliando a importância e as fontes do pensamento de Jameson neste sentido, Perry Anderson observou:

> Sua teorização do pós-modernismo, começando no início dos anos 80, tem lugar entre os grandes monumentos intelectuais do marxismo Ocidental. Com efeito, pode-se dizer que essa tradição alcançou aí a sua culminação. Originando-se mais uma vez de uma experiência de derrota política – o sufocamento da agitação dos anos 60 – e desenvolvendo-se em contato crítico com novos estilos de pensar distantes do marxismo-estruturalista,

desconstrutivista, neo-historicista – a obra de Jameson sobre o pós-moderno respondeu às mesmas coordenadas básicas que os textos clássicos do passado. Mas se nesse sentido é a continuação de uma série, é também uma recapitulação do conjunto num segundo nível. Pois aqui diferentes instrumentos e temas do repertório do marxismo ocidental misturam-se numa formidável síntese. De Lukács tirou Jameson seu compromisso com a periodização e o fascínio pela narrativa; de Bloch, um respeito pelas esperanças e sonhos escondidos num empanado mundo objetivo; de Sartre, uma excepcional fluência com as texturas da experiência imediata; de Lefebvre, a curiosidade pelo espaço urbano; de Marcuse, a investigação da pista do consumo *high-tech*; de Althusser, uma concepção positiva da ideologia como um imaginário social necessário; de Adorno, a ambição de representar a totalidade do seu objeto como sendo apenas uma "composição metafórica". Tais elementos não jazem inertes numa composição forçada. São mobilizados numa empresa original que parece absorvê-los sem esforço. (Anderson, 1999, p. 83)

Bibliografia específica

ANDERSON, Perry. *As Origens da Pós-Modernidade*. Rio de Janeiro: Jorge Zahar, 1999.

EAGLETON, Terry. *As ilusões do pós-modernismo*. Rio de Janeiro: Jorge Zahar, 1998.

JAMESON, Fredric. *Espaço e Imagem*. Teorias do pós-moderno e outros ensaios. Rio de Janeiro: Editora da UFRJ, 2006.

LYOTARD, François. *A condição pós-moderna*. Lisboa: Gradiva, 1989.

Sugestões de leitura

HALL, Stuart. *A identidade cultural na pós-modernidade*. Rio de Janeiro: DP&A, 2001.

HARVEY, David. *A condição pós-moderna*. Uma pesquisa sobre as origens da Mudança Cultural. São Paulo: Loyola, 1993.

Temas para debate:

1- Qual é a divergência fundamental a respeito do termo pós-modernidade?
2- A avaliação de Lyotard e Habermas sobre o projeto filosófico da modernidade.
3- Como Jameson compreende a pós-modernidade?

14
A hermenêutica de Gadamer

> *O problema hermenêutico não é, pois, um problema de correto domínio da língua, mas o correto acordo sobre um assunto, que ocorre no médium da linguagem.* (Gadamer, 1999, p. 561)

Hans-Georg Gadamer nasceu em 1900, em Marburg, na Alemanha, e morreu com 102 anos de idade, no dia 13 de março de 2002, em Heidelberg. Como filósofo, pesquisador e professor universitário, desenvolveu uma obra original que coloca em questão a cultura moderna, os princípios Iluministas e as teorias da interpretação desenvolvidas no campo da filosofia e da teologia. Até os últimos anos de sua vida Gadamer manteve-se ativo, lúcido e interessado nos acontecimentos do mundo.

O trabalho mais importante de Gadamer, *Verdade e Método*, foi publicado quando ele tinha 60 anos de idade. Valorizando a filosofia mais como atividade prática do que teórica, Gadamer dava muita importância à conversação e ao diálogo. Como exercício de interpretação, a filosofia era para ele essencialmente diálogo, e não um trabalho sistemático de construção teórica. Gadamer confessou certa vez que escrever para ele era um enorme sacrifício, e que como intelectual havia investido mais na atividade de professor porque nesta atividade era possível o diálogo vivo.

A crítica de Gadamer à modernidade tem como eixo central a ênfase no método como caminho para se chegar a uma verdade indubitável, como pensava Descartes. Em relação aos Iluministas, o problema era o *status* por eles atribuído à razão para julgar todas as manifestações do pensamento e do agir humano. A era moderna, juntando método e razão, pretendia legitimar como verdadeiro apenas o conhecimento científico.

Questionando a razão iluminista a partir das teorias do Romantismo alemão, especialmente de Friedrich Schlegel (1772-1829) e Friedrich Schleirmacher (1768-1834), Gadamer retoma numa nova interpretação as noções de tradição, autoridade e preconceito. A ideia de colocar em julgamento toda a tradição, como pretendiam Descartes e os iluministas, sugere, erroneamente, que o pensamento pode se desenvolver completamente fora da tradição. Como a tradição não é um elemento da vida social aberto à investigação de uma razão pretensamente pura, pois a própria razão faz parte da tradição que ela pretende criticar, a possibilidade do método servir como orientação para a verdade torna-se problemática. Para Gadamer a tradição é uma força vital integrada à cultura, e não um conjunto de crenças irracionais e conhecimentos infundados.

Quanto à autoridade, Gadamer também não considera que ela emana do julgamento da razão ou de algo exterior ao exercício da própria autoridade, mas de algo que é inerente a ela, ou seja, trata-se de uma auto legitimação que tem como base o conhecimento. A autoridade do professor, por exemplo, não se sustenta porque ele está investido do poder de sanção e punição, embora ele possa exercer esse tipo de poder, mas na habilidade intelectual e capacidade de orientar aqueles que buscam o conhecimento. A autoridade é sempre investida em indivíduos que têm conhecimento de algo, a autoridade se sustenta pelo *conhecimento* e pelo *re-conhecimento*.

A abordagem de Gadamer sobre o preconceito procura mostrar que o preconceito fundamental dos Iluministas é o preconceito contra o preconceito. Existem duas leituras possíveis do preconceito, uma positiva e outra negativa, O Iluminismo viu apenas o lado negativo do preconceito, e Gadamer procura resgatar o significado incrustado na própria etimologia da palavra, cujo prefixo *pré* indica conjectura, aproximação inicial, ideia. Gadamer recupera o significado pré-moderno do termo preconceito e observa que o sentido usual de preconceito é julgamento não reflexivo ou precipitado e infundado, resultante da ignorância e da intolerância. Entretanto, a ideia de que é possível uma reflexão e julgamento completamente isentos de pre-conceitos é, segundo Gadamer, insustentável. A desqualificação do preconceito pode ser vista como uma postura que favorece a concentração do poder de julgamento. Supor a possibilidade de uma distância entre o indivíduo e o que ele busca conhecer isenta de qualquer preconceito é algo completamente ilusório. O investigador é sempre parte daquilo que ele investiga.

O método tal como concebido na época moderna produz uma distorção no entendimento humano do mundo. A vitalidade do entendimento pode ser reabilitada com uma nova leitura dos termos tradição, autoridade e preconceito. Mas esta nova leitura não visa a construção de um sistema filosófico; trata-se, para Gadamer, de produzir, através da própria arte de interpretar, uma hermenêutica filosófica. Hemenêutica capaz de permitir uma forma de entendimento que foi reprimida na época moderna.

O projeto hermenêutico apresentado em *Verdade e Método* tem como horizonte a emergência da verdade através da interpretação. Essa verdade nunca é definitiva, e está sempre se ampliando através de novas interpretações. A infinitude deste processo é uma tese incorporada por Gadamer dos primeiros românticos alemães. O termo hermenêutica tem origem na Antiguidade clássica, e deriva da palavra *hermeneuein,* que significa interpretar. Para os gregos, a interpretação era uma decifração das mensagens e sinais sagrados. A palavra está associada ao nome do mensageiro Hermes e à função que lhe é atribuída na mitologia. No século XVII a teologia protestante retomou, a partir dos gregos, a ideia de uma hermenêutica capaz de abrir os caminhos para Deus através da interpretação dos textos bíblicos.

O criador da moderna hermenêutica foi Friedrich Schleiermacher (1768-1834), cuja contribuição possibilitou a concepção de *círculo hermenêutico,* que vem a ser, para Gadamer, o elemento central da interpretação. Este conceito é de difícil apreensão porque nele existe a ideia de uma expansão permanente, que não se esgota no exercício da interpretação. Cada nível de interpretação está situado num círculo hermenêutico. Podemos, por exemplo, considerar os seguintes níveis na leitura de um romance: o nível inicial é a compreensão de um capítulo, que só pode ser completamente compreendido se relacionado a todos os outros capítulos, ou seja, à totalidade da obra. O todo, por sua vez, só ganha sentido se conhecermos a cultura na qual a narrativa acontece. Se a história se passa no século XVII, é preciso que o leitor considere os costumes e a mentalidade da época. Se ela se passa na época do leitor, ele também precisa conhecer o padrão cultural dos personagens, sua origem social, região etc. A interpretação, portanto, ultrapassa os significados semânticos do texto, alcançando significados culturais, sociais e históricos.

Gadamer considerava esta noção de círculo hermenêutico uma mudança-chave na história da hermenêutica. Depois de Schleiermacher, Wilhelm Dilthey (1833-1911) acrescentou um elemento importante ao exercício da interpretação ao reconhecer a dimensão histórica de toda interpretação. Apesar disso e de considerar as ciências humanas como hermenêuticas, mostrando sua diferença em relação às ciências naturais, Dilthey não conseguiu se livrar da busca por um método, tal como faziam os filósofos modernos.

A questão do elo entre o passado e o presente, que a hermenêutica de Dilthey enfatiza, foi articulada por Gadamer em *Verdade e Método* com a historicidade de *Ser e Tempo*, de Heidegger. Nesta articulação a ideia central é que o pensamento e a linguagem são hermenêuticos, pois desenvolvem uma dinâmica constante de interpretação. Gadamer reconhece que antes dele os românticos já admitiam que entendimento e interpretação são, na verdade, a mesma coisa.

Desde a Antiguidade, a ligação entre pensamento e linguagem tem sido tema de debates na história da filosofia. Em muitos momentos a excessiva valorização da cognição fez com que a linguagem fosse desvalorizada em relação ao pensamento. Considerada como meio através do qual o pensamento se manifesta, a linguagem só tem importância porque designa as coisas existentes no mundo. Ela só é significativa quando representa o mundo com exatidão.

As *teorias designativas* da linguagem, que têm origem em Platão e Aristóteles, foram retomadas na época moderna pelos racionalistas e empiristas e mais recentemente, numa versão mais sofisticada, por Bertrand Russell e Wittgenstein, que no *Tratactus Logico-philosophicus* entende a linguagem como reflexo da realidade, em oposição à sua compreensão posterior, nas *Investigações filosóficas*, onde ele vê o significado da palavra atrelado ao seu uso.

Apesar das versões designativas da filosofia da linguagem terem adquirido muito prestígio no século XX, sobretudo no mundo anglo-americano, esta não é a única maneira como os filósofos entendem a linguagem. A vertente que sustenta a importância da dimensão expressiva, e não a capacidade de representação da linguagem humana, também tem uma longa história. A linguagem expressiva não está preocupada em apresentar uma descrição exata do mundo, mas em construir uma intimidade, ou uma rede, entre os falantes. Um mundo verdadeiramente humano só é possível através da linguagem. Apropriando-se de uma expressão do poeta romântico Hölderlin, Heidegger e Gadamer resumem a ligação humanidade e linguagem com a afirmação: *nós somos conversação*.

A ênfase na oralidade talvez seja o aspecto mais contestador da hermenêutica de Gadamer. Esta prioridade da fala sobre a escrita era admitida também pelos primeiros filósofos. Sócrates, que nunca escreveu, pode ser considerado a defesa viva desta tese. Platão, em seu diálogo *Fedro*, discute a relação escrita/oralidade pondo em questão os benefícios da escrita para a humanidade. Na última parte do diálogo, é apresentada a questão: deve-se ou não reprovar Lísias por redigir seus discursos? É bom ou mau escrever? O mito de Thoth, extraído da tradição egípcia, apresentará a chave para a resposta.

De acordo com a lenda, o deus Thoth seria o inventor de inúmeras técnicas, entre elas a escrita. Ao apresentar sua invenção ao rei Tamuz, este se mostra desconfiado. Falando através das interpretações de Sócrates sobre a lenda, Platão procura alertar sobre os perigos da escrita. Aparentemente a escrita amplia a memória, mas só aparentemente. Na realidade ocorre o contrário, a confiança nos novos signos favorecerá tanto a preguiça quanto a presunção intelectual. O texto escrito apresenta quatro graves problemas: ele é estático e fechado sobre si mesmo, depois de publicado é de todos e de ninguém ao mesmo tempo; dirige-se da mesma maneira aos sábios e aos ignorantes, e, por último, ele é incapaz de defender-se ou polemizar com os leitores.

Platão considera que é precisamente a *fixação* da palavra que retira a sua vida. Na verdade, a escrita alimenta a preguiça ao acostumar o espírito a procurar fora de si um conhecimento elaborado por outros. Também incita à pretensão, pois bastará ter lido muito, e saber citar vários autores, para acreditar-se sábio. Além disso, a verdade não se deixa aprisionar num texto inerte, indiferente a quem ele se dirige. À semelhança da própria vida, a verdade é conflito, mudança. Provavelmente Platão temia o risco da escrita filosófica tornar-se menos estimulante para o pensamento e mais distante das suas questões essenciais dos homens.

Gadamer considera o objetivo principal de sua hermenêutica a revitalização da palavra escrita, que deve alcançar a força e vitalidade da fala. A escrita, portanto, é inferior à fala. Em *Verdade e Método* encontramos a seguinte afirmação: escrever é auto alienação. Superar isso é, na verdade, o maior desafio da hermenêutica.

Se perguntamos sobre o objetivo da linguagem e concluimos que é comunicar, não alcançamos uma resposta capaz de dar conta da pergunta. É preciso definir o sentido de comunicar. A ideia de que a comunicação é fundamentalmente transmissão de informações reduz a linguagem a um uso puramente instrumental. O significado mais profundo de comunicar sugere a necessidade de compartilhar algo. As teses de Gadamer sobre a linguagem podem sugerir ao leitor, inicialmente, uma certa nostalgia e tentativa de volta ao passado. Mas, examinando com mais atenção suas ideias, observamos que talvez seja exatamente o oposto, pois há vários pontos em comum entre Gadamer e os pós-modernos. Podemos citar: a descrença na subjetividade, num "eu", num sujeito autocentrado, a problematização dos fundamentos que sustentam a objetividade do conhecimento, a relação entre as convenções humanas e a linguagem, e a ênfase na linguagem.

Apesar de não usar a expressão "jogos de linguagem", Gadamer está, de certo modo, próximo da posição de Wittgenstein, que admite nas *Investigações lógicas*, a linguagem como um assunto público cuja força advém de acordos e convenções que tornam possíveis os jogos de linguagem. Estando completamente imersa no fluxo da história, a linguagem descentra a subjetividade e abala a objetividade do conhecimento.

Entre os filósofos que criticaram o pensamento de Gadamer, Jürgen Habermas, por exemplo, vê méritos em sua hermenêutica sobretudo porque ela representa uma alternativa ao positivismo das ciências sociais. Todavia, ele critica Gadamer por ele não assumir uma postura mais crítica em relação ao *status quo*. Defensor de um modelo de razão universal que pretende superar as limitações do modelo iluminista, Habermas considera que sem um novo paradigma de razão a possibilidade de os diálogos serem corrompidos e se tornarem inviáveis é bem grande. A tendência à possibilidade de distorção e falta de transparência na comunicação seria, portanto, um problema não resolvido na hermenêutica de Gadamer.

A possibilidade da comunicação e a confiança depositada no seu compartilhamento por Gadamer foi vista como ingênua por Habermas, pois numa sociedade dividida em classes isto é extremamente difícil. Gadamer contra-argumenta dizendo que o projeto de Habermas de transformação da razão também é problemático, quando analisado do ponto de vista das heremenêuticas filosóficas, porque se inspira nos ideais Iluministas. Mas o ponto de vista da hermenêutica também não inspira confiança em Habermas e Terry Eagleton, que consideram a concepção da história de Gadamer muito idílica. Eagleton observa que a história é um lugar de conflitos, de luta, de exclusão, e não uma corrente contínua onde as diferenças são toleradas, como sugere Gadamer. Existiria sob o manto da ideia da tradição em Gadamer uma visão conservadora do mundo.

Retomando os pontos mais criativos e originais do pensamento de Gadamer, destacamos que sua hermenêutica é capaz de sustentar a reflexão filosófica sem adotar a forma da metafísica tradicional e, ao mesmo tempo, se contrapondo ao positivismo. O descrédito em relação aos positivistas se deve sobretudo ao fato de eles tratarem num nível muito superficial as questões epistemológicas mais essenciais. Cabe ainda observar que a hermenêutica de Gadamer colocando em questão a hierarquia escrita/oralidade dirige uma crítica à cultura escolar e ao trabalho intelectual tal como é desenvolvido na Universidade, sua preocupação em formar especialistas e a ênfase na profissionalização.

Através de algumas referências à tarefa do tradutor apresentadas em *Verdade e Método*, pode-se compreender o sentido e o alcance da experiência hermenêutica em Gadamer:

> Onde há acordo não se traduz, pois aí se fala. Entender uma língua estrangeira quer dizer justamente não ter de traduzi-la para a nossa própria língua. Quando alguém domina de verdade uma língua, não somente já não necessita de traduções, mas inclusive qualquer tradução lhe parece impossível. Compreender uma língua não é, por si mesmo, nenhum compreender real, e não encerra nenhum processo interpelativo, mas é uma realização vital. Pois, compreende-se uma língua quando se vive nela – uma frase que vale tanto para as línguas vivas como para as mortas. O problema hermenêutico não é, pois, um problema de correto domínio da língua, mas o correto acordo sobre um assunto, que ocorre no *medium* da linguagem. Podemos aprender qualquer língua, de maneira que seu uso pleno implique já não termos de traduzir a partir de nossa própria língua, ou à nossa própria língua, mas que se possa pensar na língua estrangeira. Para que possa haver acordo numa conversação, este gênero de domínio da língua é, na realidade, uma condição prévia. Toda conversação implica o pressuposto evidente de que seus membros falem a mesma língua.(...)
> O exemplo do tradutor que tem de superar o abismo das línguas mostra, com particular clareza, a relação

recíproca que se desenvolve entre o intérprete e o texto, que corresponde à reciprocidade do acordo na conversação. Pois, todo tradutor é intérprete. O fato de que algo esteja numa língua estrangeira significa somente um caso elevado de dificuldade hermenêutica, isto é, de estranheza e de superação da mesma. (Gadamer, 1999, p. 561 e 564)

Bibliografia específica

DELACAMPAGNE, C. *História da filosofia no século XX*. Rio de Janeiro: Jorge Zahar, 1997.

GADAMER, H. G. *Verdade e Método*. Petrópolis: Vozes, 1997.

HEIDEGGER, M. *Heidegger*. São Paulo: Abril Cultural, 1978 (Col. Os Pensadores).

HERMANN, N. *Hermenêutica e educação*. Rio de Janeiro: DP&A, 2000.

Indicações de leitura

HERMANN, N. *Hermenêutica e educação*. Rio de Janeiro: DP&A, 2000.

LAWN, C. *Compreender Gadamer*. Petrópolis: Vozes, 2007.

Temas para debate:

1- Qual o significado de tradição, preconceito e autoridade em Gadamer?

2- A importância da escrita e da oralidade em Gadamer.

3- Qual o objetivo principal do projeto hermenêutico de Gadamer?

Bibliografia

ABBAGNANO, N. *Dicionário de Filosofia*. São Paulo: Martins Fontes, 2007.

ADORNO, T. W. *Introdução à Sociologia*. São Paulo: Editora UNESP, 2008.

ADORNO, T. W. *Teoria Estética*. Lisboa: Edições 70, s.d.

ADORNO, T. W. e HORKHEIMER, M. *Dialética do Esclarecimento*. Rio de Janeiro: Jorge Zahar, 1985.

ADORNO, T. *Educação e emancipação*. Rio de Janeiro: Paz e Terra, 1995.

ALTHUSSER, Louis. "A imensa revolução teórica de Marx". *In*: COELHO, Eduardo Prado (org.). *Estruturalismo:* antologia de textos teóricos. Lisboa: Portugália editora, s.d.

ANDERSON, P. *As origens da Pós-modernidade*. Rio de Janeiro: Jorge Zahar, 1999.

ANDERSON, P. *Considerações sobre o marxismo Ocidental*. São Paulo: Brasiliense, 1976.

ANDERSON, P. *A crise da crise do marxismo*. São Paulo: 1984.

BACHELARD, G. *O Direito de Sonhar*. Rio de Janeiro: Bertrand Brasil, 1991.

BACHELARD, G. *Bachelard*. São Paulo: Abril Cultural, 1978 (Col. Os Pensadores).

BACHELARD, G. *La poétique de l'espace*. Paris: PUF, 1957.

BAUDRILLARD, J. *Lês Estratégies Fatales*. Paris: Grasset & Fasquelle, 1983.

BENJAMIN, W *Magia e técnica, arte e política:* ensaios sobre literatura e história da cultura/Walter Benjamin. São Paulo; Brasiliense, 1994 (Obras Escolhidas I).

BENJAMIN, W. *Rua de Mão Única*/Walter Benjamin. São Paulo: Brasiliense, 1995 (Obras escolhidas V. II).

BENJAMIN, W. *Passagens*. Organização da edição Willi Bolle. Belo Horizonte: Editora UFMG; São Paulo: Imprensa Oficial do Estado de São Paulo, 2006.

BENJAMIN, W. *Escritos sobre mito e linguagem*. 1915-1921. Organização, apresentação e notas: Jeanne Marie Gagnebin. São Paulo: Livraria Duas Cidades; Editora 34, 2011.

BENJAMIN, W. *Sobre arte, técnica, linguagem e política*. Lisboa: Relógio D'água, 1992.

BERGSON, H. *Matéria e memória*: Ensaio sobre a relação do corpo com o espírito. São Paulo: Martins Fontes, 1990.

BLACKBURN, S. *Dicionário Oxford de Filosofia*. Rio de Janeiro: Jorge Zahar, 1997.

BOLLI, W. *Fisiognomia da metrópole moderna*. Representação da história em Walter Benjamin. São Paulo: Editora da USP, 1994.

BOTTOMORE, T. *Dicionário do pensamento marxista*. Rio de Janeiro: Jorge Zahar, 1993.

BRECHT, B. *Estudos sobre o teatro*. Rio de Janeiro: Nova Fronteira, 1978.

CASSIRER, E. *A filosofia do Iluminismo*. Campinas: Unicamp, 1991.

D'ANGELO, M. *Arte, política e educação em Walter Benjamin*. São Paulo: Loyola, 2006.

DELACAMPAGNE, C. *História da filosofia no século XX*. Rio de Janeiro: Jorge Zahar, 1997.

DELACAMPAGNE, C. *As ideias filosóficas contemporâneas na França*. Rio de Janeiro: Jorge Zahar, 1991.

DELEUZE, G. *Lógica do sentido*. São Paulo: Perspectiva, 1974.

DELEUZE, G. *Dialogues* com Claire Parnet. Paris: Flammarion, 1977.

DELEUZE, G. *Conversações*. Rio de Janeiro: Editora 34, 1992.

DELEUZE, G. *Nietzsche e a filosofia*. Rio de Janeiro: Editora Rio, 1976.

DUARTE, R. *Adornos*. Nove ensaios sobre o filósofo frankfurteano. Belo Horizonte: Editora da UFMG, 1997.

DUARTE, R. *Dizer o que não se deixa dizer*. Para uma filosofia da expressão. Chapecó, SC: Editora Universitária Argos, 2008.

DUFRENNE, M. *Estética e Filosofia*. São Paulo: Perspectiva, 2004.

EAGLETON, T. *A Ideologia da Estética*. Rio de Janeiro: Jorge Zahar, 1993.

EAGLETON, T. *As ilusões do pós-modernismo*. Rio de Janeiro: Jorge Zahar, 1998.

FAUSTINO, S. *A experiência indizível*. Uma introdução ao *Tratactus* de Wittgenstein. São Paulo: UNESP, 2006.

FEARN, N. *Aprendendo a filosofar*. Rio de Janeiro: Jorge Zahar, 2004.

FERRATER MORA, J. *Dicionário de Filosofia*. Buenos Aires: Editorial Sudamericana, 1971 (Volumes I e II).

FORTES, L. R. S. *O Iluminismo e os reis filósofos*. São Paulo: Brasiliense, 1985.

FOUCAULT, M. *Microfísica do Poder*. Rio de Janeiro: Graal, 1989.

FOUCAULT, M. *História da Sexualidade*. Rio de Janeiro: Graal, 1985 (3 volumes).

FOUCAULT, M. *Entrevista com Michel Foucault. In*: COELHO, Eduardo Prado. *Estruturalismo*. Antologia de textos teóricos. Lisboa: Portugália, s.d.

FREUD, S. *Freud*. São Paulo: Abril Cultural, 1978 (Col. Os Pensadores).

FREUD, S. *O Mal-estar na civilização*. Rio de Janeiro: Imago, 1997.

GADAMER, H. G. *Verdade e Método*. Petrópolis: Vozes, 1999.

GAGNEBIN, J. M. *História e Narração em Walter Benjamin*. São Paulo: Perspectiva, 1994.

GRAMSCI, Antonio. *Obras Escolhidas*. São Paulo: Martins Fontes, 1978.

GRAMSCI, Antonio. *Cartas do Cárcere*. Rio de Janeiro: Civilização Brasileira, 1987.

HABERMAS, J. *Teoria de la Acción Comunicativa*. Madri: Taurus Ediciones, 1987.

HALL, Stuart. *A identidade cultural na pós-modernidade*. Rio de Janeiro: DP&A, 2001.

HARVEY, D. *A Condição Pós-Moderna*. Uma pesquisa sobre as origens da mudança cultural. São Paulo: Loyola, 1993.

HEGEL, G. W. F. *Fenomenologia do Espírito e outros textos filosóficos*. São Paulo: Abril Cultural, 1980 (Col. Os Pensadores).

HEIDEGGER, M. *Nietzsche*. Rio de Janeiro: Forense Universitária, 2007.

HEIDEGGER. M. *O fim da filosofia ou a questão do pensamento.* São Paulo: Duas Cidades, 1972.

HEIDEGGER, M. *Heidegger.* São Paulo: Abril Cultural, 1978 (Col. Os Pensadores).

HERMANN, N. *Hermenêutica e educação.* Rio de Janeiro: DP&A, 2000.

HOBBES, Thomas. *Leviatã* ou Matéria, forma e poder de um estado eclesiástico e civil. São Paulo: Abril Cultural, 1979 (Col. Os Pensadores).

HOBSBAWM, E. J. *A Era do capital:* 1848-1875. Rio de Janeiro: Paz e Terra, 1979.

HORKHEIMER, Max. *Teoria crítica I.* São Paulo: Perspectiva: Editora da USP, 1990 (Coleção Estudos; 77).

HORKHEIMER, M. *Théorie traditionnelle et théorie critique.* Paris: Gallimard, 1979.

HUSSAK, P.; VIEIRA, V. (orgs.). *Educação estética:* de Schiller a Marcuse. Rio de Janeiro: NAU; EDUR, 2011.

JAMESON, F. *Espaço e Imagem: Teorias do Pós-moderno e outros ensaios de Frederic Jameson.* Rio de Janeiro: Editora da UFRJ, 2006.

JAMESON, F. *A virada cultural.* Rio de Janeiro: Civilização Brasileira, 2006.

JAY, M. *A imaginação dialética.* Rio de Janeiro: Contraponto, 2008.

KONDER, Leandro. *O futuro da filosofia da práxis.* O pensamento de Marx no século XXI. Rio de Janeiro: Paz e Terra, 1992.

LAWN, C. *Compreender Gadamer.* Petrópolis: Vozes, 2007.

LEBRUN, G. *Passeios ao léu.* São Paulo: Brasiliense, 1983.

LECHTE, J. *50 pensadores contemporâneos essenciais.* Do estruturalismo à pós-modernidade. Rio de Janeiro: Difel, 2002.

LIMA, L. C. (org.). *Teoria da cultura de massa.* Rio de Janeiro: Paz e Terra, 1978.

LÖWY, M. *Walter Benjamin: aviso de incêndio*: uma leitura das teses "Sobre o conceito de história". São Paulo: Boitempo, 2005.

LÖWY, M. *Romantismo e Messianismo.* Ensaios sobre Lukács e Walter Benjamin. São Paulo: Perspectiva; Editora da Universidade de São Paulo, 1990.

LUKÁCS, G. *Ensaios sobre literatura*. Rio de Janeiro: Civilização Brasileira, 1968.

LUKÁCS, Georg. *História e consciência de classe*. São Paulo: Martins Fontes, 2003.

LUKÁCS, G. A *Teoria do Romance*. São Paulo: Duas Cidades; Ed. 34, 2000.

LYOTARD, J. F. *A condição pós-moderna*. Lisboa: Gradiva, 1989.

MANN, T. *A montanha mágica*. Rio de Janeiro: Nova Fronteira, 1980.

MARÍAS, J. *História da filosofia*. São Paulo: Martins Fontes, 2004.

MACHADO, Roberto. *Deleuze e a filosofia*. Rio de Janeiro: Graal, 1990.

MACHADO, Roberto. *Nietzsche e a Verdade*. Rio de Janeiro: Rocco, 1984.

MAGALHÃES. F. *Tempos pós-modernos*. A globalização e as sociedades pré-industriais. São Paulo: Cortez, 2004 (Coleção Questões da nossa época; v. 108).

MANDEL, E. *Introdução ao marxismo*. Porto Alegre: Movimento, 1978.

MARCUSE, H. *Eros e Civilização*. Rio de Janeiro: Zahar Editores, 1969.

MARCUSE, H. *A Ideologia da Sociedade Industrial*. Rio de Janeiro: Zahar Editores, 1973.

MARTON, S. Z. *Nietzsche, a transvaloração dos valores*. São Paulo: Moderna, 1993.

MARX, K. e ENGELS, F. *Manifesto do Partido Comunista*. Petrópolis: Vozes, 1988.

MATOS, O. C. F. *Paris 1968:* as barricadas do desejo. São Paulo: Brasiliense, 1981.

MERLEAU-PONTY, M. *O visível e o invisível.* São Paulo. Perspectiva, 1992.

MEZAN, Renato. *Freud, pensador da cultura*. São Paulo: Brasiliense, 1985.

MURICY, K. *Alegorias da Dialética*. Rio de Janeiro: Relume Dumará, 1999.

NIETZSCHE, F. *Obras Incompletas/Friedrich Nietzsche*. São Paulo: Abril Cultural, 1983 (Coleção Os Pensadores).

NIETZSCHE, Friedrich. *A Genealogia da Moral*. São Paulo: Editora Moraes, 1991.

RANCIÈRE, J. *El malestar en la estética*. Buenos Aires: Capital intelectual, 2011.

ROUANET, S. P. *As razões do Iluminismo*. São Paulo: Companhia das Letras, 1987.

ROUANET, S. P. *Teoria crítica e psicanálise*. Rio de Janeiro: Tempo Brasileiro, 1989.

ROVIGHI, S. V. *História da Filosofia Contemporânea*. Do século XIX à neoescolástica. São Paulo: Loyola, 2004.

RUSSEL, B. *História do Pensamento Ocidental*. A aventura das ideias dos Pré-socráticos a Wittgenstein. Rio de Janeiro: Ediouro, 2001.

SARTRE. J. P. *Sartre*. São Paulo: Abril Cultural, 1978.

SARTRE, J. P. "Entrevista de Jean-Paul Sartre para *L'Arc*". *In*: COELHO, Eduardo Prado (org.). *Estruturalismo*. Antologia de textos teóricos. Lisboa: Portugália, s.d.

SCHILLER, F. *A Educação Estética do Homem*. Numa série de cartas. São Paulo: Iluminuras, 1995.

STRATHERN, P. *Wittgenstein em 90 minutos*. Rio de Janeiro: Jorge Zahar, 1997.

VATTIMO, G. *O fim da modernidade*. Niilismo e hermenêutica na cultura pós-moderna. São Paulo: Martins Fontes, 1996.

WEBER, M. *Textos selecionados/Max Weber*. São Paulo: Abril Cultural, 1980.

WITTGENSTEIN, L. *Wittgenstein*. São Paulo: Abril Cultural, 1979 (Col. Os Pensadores).

WITTGENSTEIN, L. *Tratactus logico-philosophicus*. São Paulo: EdUSP, 1993.

Esta obra foi composta em CTcP
Capa: Supremo 250g – Miolo: Pólen Soft 80g
Impressão e acabamento
Gráfica e Editora Santuário